부자가 된 괴짜들

부자가 된 괴짜들

기획 비즈니스앤TV • 글 김유미

21세기북스

머리말

21세기 진짜 챔피언은 괴짜!

부자가 되는 방법 세 가지.

첫째, 유산을 상속 받거나 돈 많은 배우자를 만난다.
둘째, 복권에 당첨된다.
셋째, 아이디어를 짜내고 열심히 일해 대박을 터뜨린다.

첫째와 둘째는 부러움의 대상이 될지언정 존경의 대상은 되지 못한다. 땀흘리는 노동과 절약을 중시하는 청교도 정신을 들먹이지 않더라도 사람들에게는 쉽게 쌓인 재물을 천시하는 경향이 있다. '은수저를 물고 태어났다' 또는 '벼락부자'라는 표현에 비아냥조가 묻어 있는 것도 바로 그런 이유에서다.

이 책에는 세 번째에 해당하는 인물 13명이 등장한다. 그들이 이 책의 주인공으로 선정된 것은 첫째와 둘째 유형이 아니라는 이유도 있지만, 무엇보다 '괴짜'라는 타이틀을 달고 있기 때문이다. 괴짜는 남이 하지 않는 행동으로 손가락질의 대상이 되기 쉽다. 그래서 괴짜로 살아가려면 용기와 뱃심이 필요하다. 우리는 괴짜가 가지고 있는 이 기질들이 사업을 성공으로 이끄는 매우 유리한 요인으로 작용한다는 데 주목할 필요가 있다.

넘치는 공급으로 대부분의 업종이 소비자 주도의 시장(Buyer's Market)이 되고 있는 요즘, 개인 또는 기업의 가장 중요한 경쟁력으로 언급되는 것은 '크리에이티브 파워(Creative Power)'다. 남이 가지 않은 길을 선호하는 괴짜들의 차별화 기질이 바로 '크리에이티브'라는 경쟁력이 되어 사업을 성공으로 이끌어내는 것이다. GE의 창업자 토머스 에디슨은 병아리가 부화되는 것을 보기 위해 알을 품었고, 버진그룹 창업자 리처드 브랜슨은 버진콜라 출시 후 뉴욕 한복판에서 경쟁사인 코카콜라 간판을 가짜 대포로 쐈다.

괴짜들에게는 '크리에이티브 파워'와 더불어 남의 눈을 의식하지 않는 용기와 근성이 있다. 좋아하는 일에 흠뻑 빠져 지내는 그들에게 주변의 이상한 눈길과 조직의 따돌림은 문제가 안 된다. 오히려 유행에 휩쓸리는 사람들을 안타깝게 여길 뿐이다. 남과 다르게 생각하고 행동하는 것은 많은 차별과 비난을 동반한다. 그러나 미운 오리새끼가 인내와 성찰을 통해 백조가 되었듯이 괴짜들의 '남다름'은 오랜 담금질을 거쳐 놀라운 성과를 얻어낸다.

스물한 살의 나이에 세계 최초로 개인용 컴퓨터를 상용화시킨 '애플(Apple)'의 창립자이자 괴짜경영인인 스티브 잡스는 스탠퍼드대 졸업 축사에서 "바보짓을 하라(Stay Foolish)"고 말했다. 비웃음을 당하더라도 자기만의 엉뚱한 발상을 하는 괴짜적 기질의 중요성을 설파한 것이다. 마이크로소프트사 창립자이자 스티브 잡스의 영원한 맞수인 빌 게이츠도 "괴짜들에게 친절하게 대하라. 그들이 당신의 보스가 될 가능성은 얼마든지 있다(Be nice to nerds. Chances are you'll end up working for one)"는 주장을 통해 독특하고 차별화된 발상을 하는 조직 내 '창조적 문제아'들의 역할을 강조했다.

호기심이 많아 창조적이며, 남의 시선을 의식하지 않는 용기와 좋아하는 일에 대한 열정으로 똘똘 뭉친 괴짜들. 사회는 이들에게 던져온 '아웃사이더' '화성에서 온 사람' 등의 부정적 평가를 멈춰야 한다. 이제 그들에 의해 창조되는 신기술, 신사업, 신마케팅 기법을 사회의 새로운 동력으로 받아들여 적극 활용해야 할 때다. 이 책에 등장하는 13명의 주인공을 능가하는 '긍정적 괴짜'들이 많아지고, 이로 인해 사회가 보다 다이내믹하고 풍요로워지는 그 날을 기대해본다.

비즈니스앤 TV 방송사업부 부장 정상혁
The 1st 'Business& TV'

차례

머리말   21세기 진짜 챔피언은 괴짜!

1부 _ 괴짜, 세상에 자신의 영역을 넓혀라

와인처럼 붉은 열정　　　　　　　　　012
와인사업가 김정미

회색빛 도시에 꿈을 입히다　　　　　032
그래피티 아티스트 지성진

설탕, 초콜릿, 그리고 달콤한 인생　　050
설탕공예가 정영택

허브의 향기로 세상을 사로잡다　　　068
허브사업가 이상수

2부 _ 괴짜, 끼와 열정으로 세상을 지배하라

발끝을 짜릿하게 감싸는 유혹　　　　088
구두 디자이너 이겸비

백만장자가 된 바텐더　　　　　　　104
바텐더 박재우

못 고치는 차 고쳐드립니다　　　　　122
자동차명장 박병일

3부 _ 괴짜, 세상을 자신의 팬클럽으로 만들어라

화려한 무대를 지휘하는 '미다스의 손'   140
쇼 디렉터 김소연

젊은 여행군단을 조직하라   156
여행사업가 엄기원

밥상의 어머니, 김치는 나의 힘   170
김치사업가 이하연

4부 _ 괴짜, 독특한 발상으로 세상에 덤벼들어라

세상에 단 하나뿐인 잔치를 열다   188
홈웨딩사업가 안경자

핑크빛 트럭에 꿈을 싣고   206
패션사업가 김효신

음식문화군단 100만양병설   222
식문화사업가 조태권

괴짜,
세상에 자신의 영역을 넓혀라.

1부

와인처럼 붉은 열정

와인사업가 김정미

와인 빛 드레스를 입은 여인

와인은 내 운명

숨겨진 코드를 읽어라

출동, 와인 감정단

한 그루 포도나무를 심듯

| 와인사업가 김정미 |

1993년
- 파리국립은행 한국지사 근무.
- 그녀의 곁을 운명처럼 따라다니는 와인!

1991년
- 프랑스 유학길에 오르다.
- 첫사랑처럼 풋풋하게 다가온 와인!

10대
- 소설가 이외수 선생을 찾아갈 만큼 열정적인 문학소녀.

타인의 시선

구덕모
와인 앤 프렌즈 대표

김정미 대표는 한국의 몇 분 안 되는 와인전문가이십니다. 와인에 대해 아는 것도 많고 와인 시장에 대해서도 정확하게 읽고 계시죠. 그래서 저희처럼 와인을 공부하는 사람들에게 김 대표의 영향력은 매우 큽니다.

2003년
- 와인토탈 비즈니스 (주)와이니즈 설립.
- 와인전문지 〈Winies〉를 세상에 내놓다.

2000년
- 와인에 대한 안목을 지켜보던 지인이 와인잡지 편집장을 제의하다.

현재
- 와인 아카데미 운영 및 와인 컨설팅 사업, 와인국제행사 유치.
- 와인문화를 퍼트리는 와인 전도사, 한국의 와이너리 설립을 꿈꾸다.

윤병태
와인코리아 대표

우리나라에서 재배되는 캠벨은 포도주용으로 알맞지 않다고들 해요. 하지만 수천 년의 전통을 지닌 외국의 와인 맛을 흉내 내기보다 우리 입맛에 맞는 와인을 만드는 것이 나중에 실패를 하더라도 후회가 없을 것 같아요. 곧 우리도 이탈리아 못지않은 명품 와인을 만들어낼 수 있을 거라 믿어요.

와인 빛 드레스를 입은 여인

눈부신 조명과 타오르는 양초, 춤추고 싶도록 이끄는 탱고가 파티 분위기를 한껏 달군다. 남자들은 새신랑이라도 된 듯 턱시도를 말끔하게 빼입었다. 이에 질세라 여자들은 화려한 이브닝드레스로 아름다움을 한껏 드러낸다. 이름만 들어도 입이 벌어지는 유명 정치인, 영화배우, 재계 CEO 등 사회 저명인사들이 곳곳에 보인다. 그러나 오늘의 주인공은 이들이 아니다. 화려한 장식과 경쾌한 음악, 웃음소리가 넘쳐나는 파티에 분야와 개성이 천차만별인 사람들을 한자리에 불러 모은 주인공은 바로 '신의 물방울'이라는 별칭을 가진 와인이다.

"와인은 인생과도 같습니다. 오랜 기다림을 견뎌야 진정한 맛과 향을 얻을 수 있으니까요."

유명 인사들의 와인 예찬이 이어지는 가운데, 투명한 와인 잔 사이로 빨간 드레스를 입은 한 여인이 눈에 띈다. 와인 빛처럼 매혹적인 드레스의 그녀는 이 성대한 와인파티의 주인인 와이니즈의 김정미다. 와인을 사랑하는 사람에게 기쁨을 주기 위한 파티지만, 정작 그녀 자신이 가장 즐거워 보인다.

파티는 평소 맛보기 힘든 최상급의 와인을 즐길 수 있을 뿐 아니라 독특한 문화 행사도 함께 펼쳐진다. 2006년 11월에 거행된 '보르도 그랑크뤼 수와래'가 바로 그 일례이다. 와인과 잘 어울리는 드레스에서부터 메이크업, 액세서리까지 사람들의 시선은 무대에서 떨어질 줄 모르고, 손에서 와인 잔을 놓지 못한다. 박수와 탄성, 웃음소리가 요란하다.

그녀는 와인이 단순한 술이 아니라 문화 코드라고 생각한다. 그 독특한 발상이 와인에 대한 매력을 모두 보여주는 잔치를 열게 했다. 이는 일 년에 한 번 열리는 이 파티를 사람들이 손꼽아 기다리는 이유이기도 하다.

이 자리에는 프랑스 보르도의 특급 와인을 생산하는 양조장(샤토) 주인들이 대거 참가했다. 직접 와인을 만드는 사람과의 대화는 언제나 흥미롭다. 국내 와인 전문가들과 샤토 주인들 사이에서 그녀가 유창한 프랑스어로 이야기를 나눈다.

"와인은 하늘과 땅과 사람의 결합이에요. 직접 와인을 생산하다 보면 그런 느낌을 받아요. 상투적인 표현이지만, 와인에는 자연의 모든 것이 담겨 있지요."

"이제 한국인들도 와인을 점점 알아가는 것 같아 기뻐요."

파란 눈의 샤토 주인들에게 그녀가 자랑스럽다는 듯 활짝 미소 지었다.

"수십 명의 샤토 오너들이 우리나라를 방문한다는 것만으로도 우리 와인시장이 얼마나 성장했는지 알 수 있답니다. 한국의 와인시장은 5년 사이에 300%나 증가했어요. 폭발적인 성장세를 보이고 있지요. 앞으로 얼마나 많은 사람들이 와인과 조우할지 기대가 큽니다."

그녀는 더 많은 사람들이 와인과 사랑에 빠지기를 원한다. 와인이 사람과 사람을 이어주듯 자신은 와인과 사람의 관계를 이어주고 싶다는 김정미의 또 다른 이름은 자타가 공인하는 우리나라 최고의 와인 전도사다.

와인은 내 운명

사람들은 김정미가 전문 소믈리에이거나 와이너리를 소유한 기업가일 거라고 지레짐작한다. 와인 전문지를 발행하고 와인 컨설팅 업체와 와인 아카데미를 운영하는 등 와인에 중독된 그녀의 직업이 워낙 화려하기 때문이다. 하지만 7년 전까지만 해도 그녀는 외국계 은행에 근무하던 회사원이었다. 평범했던 그녀가 와인 전문가로 변신하게 된 것은 무엇 때문일까. 그녀는 '운명'이라고 단언한다. 와인과의 인연이 질기게 이어져 온 탓에 운명이라는 말 외에는 다른 어떤 것으로도 설명할 수 없다고 말한다.

16년 전, 김정미는 프랑스 유학길에 올랐다. 책으로만 접했던 프랑스를 직접 느낀다는 생각에 여대생의 가슴은 부풀어 올랐다. 프랑스 문화를 즐길 수 있다는 생각에 절로 웃음이 번졌다. 하지만 그녀가 알지 못하는 사이에 이미 와인과의 인연이 시작되고 있었다. 나중에 알게 된 사실이지만 그녀가 간 부르고뉴는 보르도와 더불어 프랑스 양대 와인산지였던 것이다.

김정미는 교양강좌를 신청하기 위해 학교 게시판을 둘러보았다. 그 중 유난히 눈길을 끄는 강좌가 있었다. 와인 관련 강좌였다. 이미 수많은 학생들이 몰려 거의 마감 직전이었다. 그녀는 평소 와인에 전혀 관심이 없었다. 그런데도 어쩐지 마음이 끌렸다.

'이 강좌는 왜 이렇게 인기가 많은 거지? 사람들이 몰리는 데에는 다 이유가 있단 말이야. 뭔가 특별한 게 있나 보다. 나도 한번 해볼까?'

와인 강좌를 신청하게 된 것은 단순히 호기심 때문이었다. 하지만 당차게 들어간 수업에서 김정미는 좌절하고 말았다. 한 학기 내내 열심히 들었으나 무슨 말인지 통 이해할 수 없었던 것이다. 와인에 대한 지식이 없었으니 당연한 일이었다. 슬슬 그녀 특유의 승부 근성이 발동했다.

'좋아, 모르면 알 때까지 하겠어. 한 학기 더 들어보는 거야. 와인이 어떤 건지 한번 붙어보자고.'

이번에는 김정미도 호락호락하지 않았다. 친구들과 함께 그룹 스터디를 만들어, 와인이 몸에 배어 있는 친구들에게서 많은 것을 배웠다. 주말에도 그녀는 집에서 쉬지 않았다. 프랑스의 유명한 포도원들을 찾아다니며 최고의 와인들을 맛보고 친구들과 토론했다. 이 시절에 그녀는 부르고뉴 지방의 레드와인을 처음 맛보았다. 피노누아라는 단일 품종으로 만드는데도 불구하고 복합적인 맛과 향을 내는 오묘한 와인이었다. 섬세하고 까다로운 느낌을 주면서도 아찔할 정도로 강렬한 맛이었다. 수년이 지난 지금까지도 새록새록 떠오르는 그때의 추억은 첫사랑의 기억처럼 강렬했다.

한국에 돌아온 그녀는 파리 국립은행의 한국지사에 입사했다. 와인과는 관계가 없는 분야였지만, 그녀 곁에는 늘 와인이 따라다녔다. 프랑스 은행과 관련된 행사에는 와인이 빠지지 않았고, 그녀는 자연스럽게 와인과 재회했다. 대학시절에는 호기심으로 와인을 만났으나 이제는 일상 속에서 와인을 즐기게 된 것이다.

남들이 산과 바다로 떠나는 휴가 때에도 그녀는 와인 곁을 떠나지 못했다. 세계 각국으로 와인 테마 여행을 다니며 와인을 만났다. 프랑스, 이탈리아, 독일, 미국 등 다양한 와인산지를 누비며 끊임없이 공부하였다. 예전과 달리 스스로 찾아다니며 즐기는 것은 또 다른 기쁨이었다. 그리고 마침내 와인이 그녀의 삶을 전환시키는 기회가 생겼다.

"김정미 씨가 와인에 대해 일가견이 있다고 들었어요. 와인 잡지 편집장 자리가 있는데, 맡아보지 않을래요?"

지인으로부터 제안을 들었을 때, 그녀는 망설일 수밖에 없었다. 아직은 와인에 대해 알아야 할 것도, 배워야 할 것도 너무 많다는 생각 때문이었다. 그러나 좋아하는 것이 직업이 된다면 훨씬 행복한 삶을 살 수 있을 거라는 생각에 그녀는 고심 끝에 제안을 수락한다. 일단 발을 들여놓자 그녀는 그동안 마음에만 담아왔던 와인에 대한 열정을 세상에 쏟아내기 시작한다. 편집장이 된 지 1년 8개월 만에 드디어 그녀는 자신이 만든 잡지를 세상에 내놓게 된다. 잡지 이름은 '와이니즈'. 와인에 열정을 가진 사람들, 와인에 대해 까다로운 사람이라는 의미를 가지고 있다. 마치 그녀 자신을 대변하는 듯한 이름이다. 세계 와인 정보를 모으고 그동안 쌓아온 노하우를 적극 발휘하며 그녀는 열정적으로 잡지를 만들었다. 그동안 구축해 온 방대한 와인 네트워크를 총동원하였고, 직접 체험하지 않으면 인정하지 않는 등 기사를 만드는 데 있어서도 섬세하고 까다로웠다. 와인 애호가들은 그녀의 잡지를 신뢰하게 되었다.

일단 와인업계에 발을 들여놓자, 사업의 아이디어가 마구 쏟아져 나왔다. 와인 컨설팅, 와인 이벤트, 와인 아카데미……. 그녀가 할 일은 무궁무진했다. 취미에 불과했던 와인은 그녀의 인생을 바꾸어 놓았다.

"와인, 넌 역시 내 운명이야!"

숨겨진 코드를 읽어라

와인 유람선을 만들겠다는 사업자가 김정미에게 자문을 구해왔다. 한강을 바라보며 와인을 즐기는 와인 유람선이라니, 생각만으로도 설레는 일이었다.

"아이디어가 무척 좋아요. 흥미로운 유람선이 될 거예요. 문제는 얼마나 와인의 장점과 매력을 잘 이끌어내느냐 하는 것이겠죠. 사람들이 와인을 마시며 즐거워해야 하니까요."

유람선 이곳저곳을 둘러보던 김정미의 미간이 순간 좁아졌다. 와인 저장고의 위치가 영 마음에 들지 않았던 것이다.

"사실 이건 참 좋은 와인이에요. 보르도 메독 지방에서 나는 특2등급 와인인데 위치가 아쉽군요."

와인은 환경의 작은 변화에도 전혀 다른 맛을 내기 때문에 보관이 가장 중요하다. 그런데 지금 자리는 계속 움직여야 하는 유람선의 특수성이나 와인의 특성이 전혀 고려되지 못했다.

"현재 위치에서 진동도 최소화하고 빛도 차단되어야 합니다. 보통은 와인을 지하 셀러에 보관하는데, 여기서는 너무 빛에 노출되어 있어요. 이대로는 안 되겠어요. 와인셀러의 위치를 옮겨놓을 필요가 있습니다."

최근 와인열풍으로 와인을 접목한 새로운 문화사업들이 속속 등장한다. 하지만 와인은 그리 호락호락한 사업 대상이 아니다. 오래될수록 깊은 맛을 내는 와인처럼, 와인을 다루는 사람도 오랫동안 공부하고 전문적인 지식을 쌓아야 그 맛을 잘 음미하고 즐길 수 있다. 이처럼 경험과 연륜이 필요하기에 와인사업은 퇴직 후 새롭게 시작하는 사업 아이템으로 인기가 높다.

그 중 청담동에 와인 바를 열게 된 구덕모 사장은 LG필립스 부사장까지 지낸 전문경영인 출신이다. 평소 와인을 접할 기회가 많았던 구 사장은 김정미가 운영하는 와인 아카데미를 통해 와인의 매력에 푹 빠지게 되었다. 결국 와인이 새로운 인생의 2막을 열어준 셈이다.

구 사장이 김정미에게 자신의 보물창고인 와인 저장고를 보여준다. 이곳엔 그가 전 세계를 돌아다니며 모은 귀중한 와인이 300여 종이나 보관되어 있다. 저장고 깊숙한 곳에서 그가 무언가를 조심히 꺼낸다.

"어머, 로마네 콩티네요! 시음할 기회가 몇 번밖에 없었는데."

"2000년도 빈티지는 새로운 밀레니엄이라는 의미가 있는 훌륭한 고급 포도주죠. 운 좋게 한 병 살 기회가 있었어요."

좋은 와인을 보면 서로 알려주고 나누고 싶은 것이 와인 마니아들의 마음이다. 구 사장이 와인 바를 시작한 까닭도 여기에 있다.

"와인에 대한 책도 보고 와인도 마시고, 또 와인을 좋아하는 사람들과 만나는 공간을 만들고 싶었어요. 일종의 사랑방 같은 거죠."

"그럼요. 와인은 술을 파는 게 아니라 와인과 함께 하는 문화를 파는 문화셀링인걸요."

작은 변화에도 전혀 다른 맛을 내는 와인처럼, 섬세함과 열정 없이는 결코 성공할 수 없는 것이 와인사업이다. 최근에 강남일대를 중심으로 유행처럼 와인 바가 생겨나지만, 성공을 하는 사람이 그리 많지 않은 것도 그런 이유다. 와인에 숨겨진 문화 코드를 읽어내지 못하기 때문이다.

출동, 와인 감정단

강남의 한 와인 바. 김정미의 와인 전문지 식구들이 총출동했다. 한쪽에서 수많은 와인 잔과 와인 병을 나르면, 한쪽에서는 이 병들을 붉은 자루에 넣느라 분주하다. 일련번호가 매겨진 이 자루는 블라인드 테스트를 하기 위한 것이다.

얼추 준비가 되자, 국내 최고의 소믈리에들과 와인 애호가들이 모여들었다. 두 달에 한 번, 김정미가 주최하는 와인 평가회다.

"그동안 여러분의 노고 덕분에 저희 와인 평가회가 벌써 23회를 맞이했습니다. 오늘 주제는 신선함과 상큼함으로 봄여름 사이에 즐기기 좋은 뉴질랜드의 소비뇽 블랑입니다!"

와인 평가회는 매번 새로운 주제를 정하고, 주제별로 한국인의 입맛에 가장 어울리는 와인을 선정하는 방식으로 진행된다. 이번 평가회의 주제인 소비뇽 블랑은 뉴질랜드 하면 떠올리는 키위나 번지점프, 반지의 제왕만큼이나 유명한 와인이다. 이 와인 평가회에는 특별히 뉴질랜드 대사관의 앤드류 프렌치 상무참사관과 신영균 상무관이 평가단으로 참석해 뉴질랜드 와인의 이해를 돕기로 했다. 아직은 걸음마 단계인 우리 와인시장의 사정을 고려해, 고가의 귀한 와인보다는 소비자들이 쉽게 접할 수 있는 중저가 와인들을 평가의 주 대상으로 삼았다.

드디어 판매가 3~5만 원대의 소비뇽 블랑 11종이 평가대에 올랐다. 절대미각을 가진 소믈리에들의 예민한 눈과 귀, 코와 혀가 분주하게 움직였다.

아름답고 영롱한 빛깔, 코 안에 가득해지는 환상적인 향기, 혀로 전해지는 풍부한 맛, 온몸에 퍼지는 평온한 느낌. 사람의 오감을 만족시키고 마음을 감동시켜야만 최고의 와인으로 대접받을 수 있다. 간혹 흰 테이블보에 와인의 빛깔을 비춰보기도 하고 숨은 맛을 끌어내기 위해 다른 잔에 와인을 옮겨보기도 하면서, 그들은 평가지의 빼곡한 항목들을 하나씩 채워나갔다.

마치 의식을 치르듯 엄숙한 평가시간이 끝나고, 소비뇽 블랑의 맛에 대한 전문가들의 소감이 이어졌다.

"전반부에 맛본, 1번부터 6번까지는 청량감을 주는 와인들이 많습니다. 샤넬 넘버5의 향기라든가 과일 맛을 그대로 살려주는 산도 높은 쪽이 조금 더 우리 입맛에 익숙한 것 같습니다."

"전반부 와인들은 뉴질랜드 소비뇽 블랑의 전형을 보여주고 있어요. 하지만 전 뒷부분에 맛본 5가지 와인에 더 점수를 주고 싶군요. 기존 스타일을 변형하고자 하는 다양한 시도가 엿보이거든요."

전문가들의 엄격한 시음과 분석 과정을 거친 평가결과는 다음 달 잡지에 자세한 설명과 함께 실린다. 아직은 제대로 된 통계나 평가 기준이 없는 우리 와인시장에서, 이런 평가데이터는 와인 애호가들이나 와인업자들이 와인을 선택하는 데 귀중한 자료가 된다.

평가회가 끝난 후 와인 감정단들은 소비뇽 블랑의 기분 좋은 산미와 청량감을 느끼며 평가회 뒷이야기로 자리를 뜨지 못했다. 와인 평가회는 평소 만나기 힘든 와인 전문가들이 서로 정보를 교류하는 만남의 자리가 되기도 한다.

"저는 오늘 평가가 매우 만족스럽습니다. 뉴질랜드 소비뇽 블랑 중에서 우리가 주요 타깃으로 삼을 만한 와인 11가지를 한 자리에서 테스트할 수 있었거든요."

세계적인 테스트 결과가 쏟아져 나오지만, 김정미가 굳이 번거로움과 수고로움을 감수하면서 평가회를 고집하는 데는 이유가 있다. 버터와 치즈에 길들여진 입맛과 마늘과 고추에 길들여진 입맛이 다를 수밖에 없다는 것이 그녀의 생각이다. 와인이 우리 것이 되려면 우리나라 사람들 입맛에 맞는 와인을 선별하는 것이 가장 중요하다. 더 나아가 우리 음식과 와인을 조화를 시키는 것도 그녀가 꼭

풀어가야 할 숙제다.

이번 평가회를 거친 소비뇽 블랑은 원래 프랑스 보르도와 루아르 지역에서 만들던 와인이지만, 이제는 그 명성을 신대륙인 뉴질랜드가 이어가고 있다. 아직은 우리나라에 제대로 된 와이너리 하나 없지만, 머지않아 뉴질랜드처럼 세계가 인정하는 와인이 탄생할지 모를 일이다.

한 그루 포도나무를 심듯

김정미는 오늘 포도의 주산지인 충북 영동을 찾았다. 이곳에는 우리나라에 몇 안 되는 와이너리가 자리잡고 있다. 폐교를 개조한 와인공장으로 들어서니, 와이너리의 주인인 윤병태 사장이 반갑게 그녀를 맞는다. 풍부한 와인지식을 가지고 있는 그녀는 와인사업자들에게 늘 좋은 파트너이자, 훌륭한 조언자가 된다. 그는 김정미에게 새로 디자인한 와인 병과 레이블을 선보였다.

"꽃그림이 너무 예뻐요. 이건 누보(Nouveau)죠?"

"네. 이 레이블은 한국의 코스모스를 주제로 해서 디자인해 봤습니다."

"가냘프면서도 화려해요. 누보의 이미지와 너무 잘 어울리네요!"

그녀는 와인 병의 디자인이며 레이블까지 세심히 들여다보았다. 이런 작은 부분도 와인의 품격을 좌우하는 중요한 요소가 된다.

윤병태 사장이 직접 누보를 따라주었다. 이곳의 와인은 유럽 와인에 쓰이는 양조용 포도 대신, 우리나라에서 생산되는 캠벨을 주로 사용한다.

"우리나라에서 재배되는 캠벨은 포도주용으로 알맞지 않다고들 하지만, 수천 년 전통을 이어온 외국의 와인 맛을 흉내 내선 승산이 없어요. 모험일지 몰라도 우리 땅에서 나는 포도로 우리 입맛에 맞는 와인을 만드는 것이 나중에 실패를 하더라도 후회가 없을 것 같아요."

우리나라에서 와인을 만든다는 건 그야말로 척박한 황무지에 씨를 뿌리는 것이나 마찬가지다. 의지나 자본만 있다고 되는 것도 아니고 오랜 경험과 안목, 축적된 노하우가 있어야만 성공할 수 있는 사업이다. 윤 사장은 와인 제조법을 알아내기 위해 프랑스와 이탈리아의 포도농장에서 막일꾼으로 일하며 어깨너머로 기술을 익혔다. 그때의 경험들은 지금 그만의 와인제조시스템을 만들어내는 밑거름이 되고 있다.

"와인을 배우러 갔지만, 매번 탱크 속에 들어가서 청소만 했어요. 그때 청소하면서 느낀 애로사항을 보완해서 지금의 탱크를 만들 수 있었죠."

그는 자신이 정성들여 만든 와인을 직접 따라주며 그녀의 반응을 기다렸다. 한참동안 와인의 향과 맛을 음미하던 김정미는 자신의 느낌을 솔직 담백하게 이야기한다.

"산도를 입안에서 많이 느낄 수 있군요. 쓴맛이 타닌성분과 겹쳐서 조금 투박하지만, 정서적으로 우리한테 익숙한 맛이네요."

와인 제조과정은 엄청난 정성과 섬세한 기술이 요구된다. 하지만 만드는 과정 못지않게 중요한 것이 숙성의 과정이다. 공장 근처에는 와인을 숙성시키는 저장고가 마련되어 있다. 언뜻 보면 천연 동굴 같지만, 이곳은 일제강점기 때 탄약 창고로 쓰던 토굴들이다.

"마치 영화 〈산타 빅토리아의 비밀〉을 보는 것 같아요. 거기서는 2차대전 때 이탈리아 사람들이 와인을 독일군에게 빼앗기지 않으려고 마을 뒷산 토굴로 옮기잖아요. 와인 저장고를 따로 만들지 않고 일제 때 사용했던 탄약고를 이용하다니, 아이디어가 정말 좋네요."

토굴의 내부는 항상 일정한 온도를 유지하기 때문에 와인을 저장하기에는 안성맞춤이다. 과거 탄약 저장고였던 토굴엔 이제 화약 냄새 대신, 8만 병의 와인이 익어가는 달콤한 향기로 가득 채워지고 있다.

이 땅에 포도나무가 들어온 지 백 년이 넘었다. 와인을 찾는 사람들은 늘고 있지만, 포도밭은 점점 줄어들고 식용 포도마저 수입산에 밀리는 것이 우리의 현실이다. 뿌리를 잘 내리지 못한 채 사라져가는 우리의 포도밭을 볼 때마다 그녀는 아쉬움이 앞선다. 세계 각국을 다니며 최고의 와인을 두루 맛본 그녀이지만, 우리 와인에 대한 관심과 애정은 남다르다. 그리고 한국에서 만든 와인에 대한 그녀의 기대는 아직 희망적이다.

"이탈리아의 친퀘테레 같은 곳은 제주도와 기후가 비슷하지만 정말 좋은 와인이 생산되고 있어요. 제주도의 감귤 사업이 중국산 귤의 저가공세 때문에 힘들다고 하죠. 하지만 제주도 기후에 맞는 포도를 심어 와인을 만들 수 있다면 이탈리아 못지않은 명품 와인을 만들어낼 수 있을 거예요. 앞으로 와인소비가 더 늘면 와인산업이 우리나라에도 꽃필 겁니다."

내일 지구가 멸망할지라도 사과나무를 심겠다던 철학자가 있었다. 아마도 김정미라면 한 그루의 포도나무를 심을 것이다. 포도가 알알이 영글고 붉은 포도주로 익어가는 모습을 상상하면 저절로 가슴이 벅차오른다. 언젠가 한국산 와인이 세계 시장을 제패하기를 바라는 그녀의 소망은 나날이 커져만 간다. 그 꿈의 중심에 자신이 있기를 원한다. 세상을 누비며 메이드 인 코리아 와인을 자랑하는 것이야말로 와인 전도사의 진정한 바람이다.

그녀의 열정과 희망은 영원히 늙지 않는다. 오히려 시간이 지날수록 포도주처럼 익어갈 뿐이다. 오래된 와인에서만 느낄 수 있는 깊은 향이 그녀에게 머문다. 김정미의 꿈이 이루어지는 날, 모두 함께 글라스를 부딪치며 축배를 들 그날이 기다려진다.

◆ 와인은?
와인은 하늘과 땅과 사람의 결합인 것 같아요. 아무리 훌륭한 땅이라도 하늘의 뜻이 없거나 사람의 노동이 결합되지 않으면 좋은 와인을 만들어내기 힘들죠. 사람의 노동력만으로 이루어지는 게 아니라 천지인의 결합이라는 점이 마음에 와 닿지 않나요? 와인은 술이지만, 하나의 예술입니다.

◆ 와인에 대한 추억
프랑스 유학시절, 친구들과 와인셀러 지하카페에 들어간 적이 있어요. 따뜨뱅(taste-vin)이라는 은쟁반처럼 생긴 작은 잔을 들고 지하셀러의 와인을 마음껏 시음할 수 있죠. 거기엔 가격이 저렴한 와인부터 최고가 와인까지 차례대로 진열되어 있는데 처음엔 그걸 몰랐어요. 당연히 맨 끝에 있는 좋은 와인을 마시기 전에 취해 버렸죠. 그 다음부터 앞에 있는 와인을 모두 건너뛰고 맨 끝의 좋은 와인만 시음했어요.

◆ 내가 그리는 미래
제주도 같은 곳에서 골프와 말과 포도주 산업이 연계될 때 전망 있는 산업이 이루어지지 않을까요? 조만간 수입 와인 못지않은 한국적인 명주를 만들 수 있을 거예요. 수입에만 의존하지 않고, 다각도로 와인 플러스 알파가 결합된 와인문화사업을 해보고 싶습니다.

회색빛 도시에 꿈을 입히다

그래피티 아티스트 지성진

낙서로 돈 버는 남자

세상을 향해 자유를 뿜어내다!

함께 즐길 수 있는 문화로 만들어라

벽이 원하는 그림을 그려라!

| 그래피티 아티스트 **지성진** |

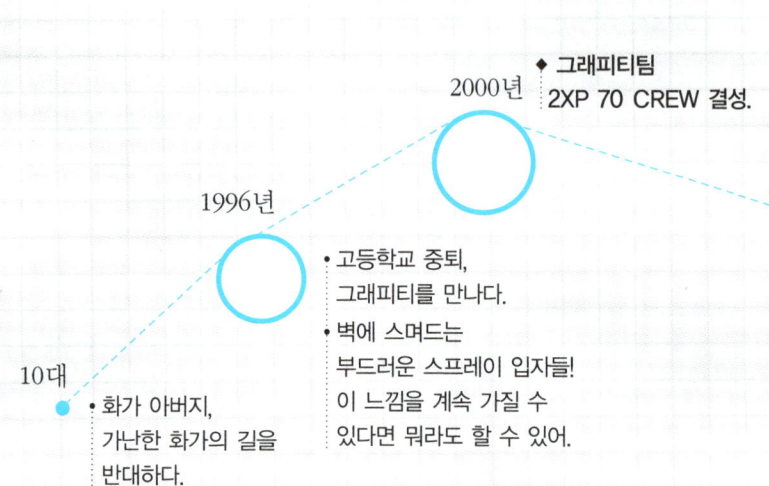

2000년　◆ 그래피티팀
　　　　2XP 70 CREW 결성.

1996년
• 고등학교 중퇴,
　그래피티를 만나다.
• 벽에 스며드는
　부드러운 스프레이 입자들!
　이 느낌을 계속 가질 수
　있다면 뭐라도 할 수 있어.

10대
• 화가 아버지,
　가난한 화가의 길을
　반대하다.

예전엔 작업을 하고 있으면 뒤에서 수군거리는 사람들이 많았습니다. 그런데 지금은 오히려 먼저 다가와 이것저것 물어보며 긍정적인 반응을 보입니다. 이제 그래피티가 많이 알려졌다는 생각이 들어서 기분도 좋고, 사람들의 마음속으로 그리고 세상 속으로 파고들 수 있는 매력적인 그림을 더 많이 그려야겠다는 다짐도 생깁니다.

2002년

◆ 제3회 세계 청소년문화축제 그래피티 시연.
• 뒷골목 낙서로만 여겼던 그래피티가 세상 속으로, 사람 속으로 파고들다!

2004년

◆ 수많은 뮤직비디오, 영화, CF 작업.
• 문제아 지성진이 아니다. 거리의 예술가, 아티스트 지성진으로 성장하다.

현재

• 그래피티는 이제 젊은이들의 문화! 닌볼트라는 이름을 달고 대한민국 최고의 그래피티 아티스트로 거듭나다!

저는 항상 내가 그리고 싶은 그림, 화려한 기술을 마음껏 발휘할 수 있는 그림을 고집하기보다는 벽이 원하는 그림을 그립니다. 장소와 상황, 벽의 특수성 등에 맞는 그림을 그려야 더 빛이 나고 사람들에게 쉽게 다가갈 수 있습니다.

낙서로 돈 버는 남자

무심히 거리를 지나는 사람들 사이로, 범상치 않은 청년이 보인다. 허리까지 치렁치렁 내려오는 긴 생머리에, 프린팅 바지와 검은 면티를 입었다. 날카로운 콧날과 단단한 턱에서 고집과 집념이 엿보이고, 강렬한 눈빛에서는 카리스마가 넘친다.

그는 거리를 기웃거리다가 화려한 상점의 쇼 윈도우에 잠시 눈길을 준다. 곧 그의 시선은 상점 옆으로 난 후미진 뒷골목에 고정된다. 그곳엔 어지러운 낙서들이 눈길을 끈다.

그는 거리의 기발한 낙서들을 유심히 관찰한다. 한참 지켜보면 재미도 있다. 거리의 벽은 사람들의 일상적인 삶의 공간이기 때문이다. 그렇지만 그다지 관심이 가지 않는 곳이기도 하다. 온통 회색 벽돌과 빨간 벽돌뿐이기 때문이다.

그는 거리의 분위기를 파악한 후, 어느 수입자동차 전시장으로 들어간다. 그곳에는 검은 천으로 뒤덮인 거대한 벽면이 그를 기다리고 있다.

막막해 보이는 검은 벽. 그저 벽일 뿐이다.

한동안 벽을 뚫어지게 쳐다보던 청년이 결심이라도 한 듯 움직인다. 스프레이를 손에 들고 벽을 오른다. 밑그림도 없이 익숙한 손놀림으로 쓱쓱 그림을 그리기 시작한다. 그의 손끝에서 무수한 선들이 생명을 받아 나온다.

검은 천 뒤에 숨어 있었던 것처럼 어느새 근사한 자동차가 모습을 드러낸다. 서서히 그의 그림 앞으로 사람들이 몰려든다. 지나가던 행인, 자동차업계 관련자들, 언론사 기자들……. 한 사진기자가 포즈를 요구하자, 그는 대뜸 락카 뚜껑 두 개를 집어 든다. 순식간에 뚜껑이 그의 눈에 하나씩 끼워지고 울트라맨의 얼굴과 오지명의 포즈가 카메라에 잡힌다.

그는 어떻게 이런 장난기를 꾹 누른 채 그렇게도 심각한 표정으로 작업에 몰두했을까.

그는 그래피티의 힘을 안다. 그것은 작은 벽 하나로 수많은 사람들의 시선을 모을 수 있다는 것. 그는 사람들 앞에서 그림을 그리고 그들의 반응을 즐긴다. 사람들은 그가 그래피티 하는 걸 직접 보면서 그래피티에 친숙해지기 때문이다. 그래피티가 돈을 벌 수 있는 수단도 되지만 무엇보다도 그에게는 그래피티를 알리고 싶은 마음이 더 크다.

그가 그림을 그리는 벽을 배경으로, 자동차 회사의 새로운 차가 등장하고 야마카시 팀의 즉석 공연도 펼쳐진다. 야마카시 팀은 벽의 꼭대기에 올라 마치 스파이더맨처럼 그림을 사선으로 가로지르는가 하면 오픈카의 좌석으로 몸을 훌쩍 던진다. 도시의 벽을 맨몸으로 오르내리는 야마카시 팀의 동작과 그래피티 작품은 환상적인 조화를 이뤄내며 사람들의 탄성을 자아낸다.

삭막한 도심의 벽을 멋진 예술작품으로 만드는, 스프레이를 든 거리의 예술가. 그는 그래피티 아티스트 지성진이다.

세상을 향해 자유를 뿜어내다!

오랜만에 압구정 거리에 나온 지성진은 굴다리를 찾았다. 그곳은 그래피티의 메카와도 같은 곳이다. 지금은 낙서가 금지되어 있지만, 아직도 곳곳엔 그 흔적들이 유물처럼 남아 있다. 사람들은 그 굴다리에서 그림을 그리고 배우고 교류했다. 우리나라의 그래피티가 저변으로 확산되는 데 가장 큰 역할을 했다.

그의 눈길은 벽에 그려진 낙서들 위에서 옛날의 기억을 더듬는 듯했다. 오래전 그는 이곳에서 그래피티 아티스트의 꿈을 키웠다. 무한한 자유를 꿈꾸었던 곳이지만 돌이켜보면 어두운 터널처럼 앞이 보이지 않던 시절이었다.

성진은 서너 살 무렵부터 혼자 그림을 그리고 놀 만큼 그림을 좋아했다. 재능과 감각이 남달랐지만 아버지는 그가 그림 그리는 것을 격렬히 반대했다. 자신이 화가로 살면서 끊임없이 생활고에 시달려왔기에 더는 아들에게 대물림하고 싶지 않았던 것이다. 가난으로 꿈을 포기해야 하는 현실은 어린 성진에게 깊은 상처를 남겼다. 그리고 상처는 치유되지 않았다. 그는 가출을 수시로 하는 비행소년이 되어갔다. 사고를 치고 학교를 옮기는 일이 반복되면서 아예 학교를 그만두게 되었다. 학교 다니는 친구들을 보면서 그는 자신이 할 수 있는 게 무엇인지 도무지 찾을 수 없었다. 세상으로부터 버림받았다는 생각마저 들었다.

　세상에 내동댕이쳐진 열일곱 살의 소년.

　하지만 아무런 꿈과 기대도 가질 수 없던 그에게, 어느 날 벼락처럼 다가온 것이 있었다. 텔레비전을 멍하니 쳐다보던 성진의 눈빛이 반짝거렸다. 그것은 시사르포 프로그램이었다. 한 흑인이 담벼락에 낙서를 갈긴 후 그 밑에 자기 이름을 쓰고 재빨리 도망쳤다. 카메라는 그의 뒤를 쫓아가면서 찍어댔다. 그것은 예술적인 면을 어느 구석에서도 찾아볼 수 없는 상황이었다. 그런데 왜 그에게는 달리 보였을까. 스프레이로 담벼락에 글자를 써내려가는 흑인의 행동은 그에게 느닷없는 충격이었다. 단순한 범법행위가 아니라 너무나도 근사한 그 무언가였다.

　그는 친구들에게 돈을 빌려 스프레이를 샀다. 요령도 없이 무작정 벽에 대고 스프레이를 뿌렸다.

　쏴아악 쉭쉭.

　스프레이 입자들이 곱게 흩뿌려지면서 벽 위에 부드럽게 스며들었다. 손끝에서 뿜어 나오는 소리. 스프레이 입자가 일시에 퍼져 벽의 표면에 내려앉는 느낌. 그건 그 무엇과도 바꿀 수 없는, 세상을 다 가진 듯한 환희였다.

　한번 스프레이를 잡고 나니 도저히 손에서 놓을 수가 없었다. 하지만 이번에도 그의 발목을-아니, 손목을- 잡는 것은 가난이었다. 그림은 무한정 그리고 싶은데 스프레이를 살 돈이 없었던 것이다. 지성진은 스프레이를 사기 위해 막노동에 뛰어들었다. 공사장에서 인부로 일하며 어렵게 스프레이를 샀지만, 막상 몸이 아파 그림을 그릴 수 없는 날도 있었다. 그는 스프레이를 사는 데 돈을 다 써버리고 빵 한쪽 사먹을 여유도 없었다. 공원에서 잠을 자고, 은행에 있는 정수기 물을 마시면서 그림을 그렸다.

사고만 치고 다니던 불량소년이 이번엔 벽에 낙서만 해댄다고, 사람들은 더욱 곱지 않은 시선으로 그를 보았다. 하지만 이미 지성진은 학교에서 쫓겨난 소년이 아니었다. 그에게는 뚜렷한 목표가 생겼다. 남들의 시선이나 비아냥대는 소리는 보이지도 들리지도 않았다. 마음속에는 오직 그래피티를 하고 싶다는 갈망으로 가득했다.

'나는 앞으로 쭉 그림을 그릴 것이다!'

힙합문화가 유행하면서 새로운 일거리가 생겼다. 젊은이들이 많이 모이는 장소에서 그에게 그래피티 작업을 부탁하기도 했다. 물론 아직 그래피티가 예술작품으로 인정받지 못하던 시절이었다.

한번은 새로 생긴 클럽의 인테리어 그래피티를 거의 도맡아서 그렸다. 클럽 안을 몽땅 작업해주고 고작 80만원을 받았다. 그때는 돈을 벌었다는 사실에 마냥 좋아했지만 나중에 알고 보니 4천만 원짜리 작업을 해준 셈이었다. 호프집이나 PC방 등의 그래피티도 했지만 그리 큰돈은 되지 못했다. 연습하는 데 드는 재료들을 사고 나면 남는 게 별로 없었다.

어느 날 뮤직 비디오의 미술감독이라는 사람이 찾아왔다. 서태지의 뮤직비디오에 그의 작품을 쓰고 싶다고 했다. 그는 기회를 잡았고, 당시 폭발적인 인기를 누린 서태지의 뮤직비디오에 그의 그래피티가 등장하게 되었다. 그는 단숨에 연예계의 주목을 받았다. 이후

양동근, 휘성 등 내로라하는 스타들의 뮤직비디오 작업에도 그의 그래피티가 등장했다. 때맞춰 비보이들이 세계적인 돌풍을 일으키면서 뮤직비디오뿐 아니라 방송사의 음악 프로그램과 오락, 드라마, 영화, CF 등 다양한 매체에서도 그를 찾기 시작했다.

영화 〈6월의 일기〉〈S 다이어리〉〈내사랑 싸가지〉, 드라마 〈루루공주〉, 가요 프로그램 〈뮤직뱅크〉 등에 등장한 다양한 그래피티 작품이 그의 손길을 거쳐 탄생했다.

가난한 뒷골목에서 배를 곯아가며 그림을 그리던 불량소년 지성진은 어느덧 그래피티 마니아들의 우상이자 한국을 대표하는 그래피티 아티스트의 반열에 오르고 있었다.

함께 즐길 수 있는 문화로 만들어라

허름한 연립주택들이 오밀조밀 모여 있는 사당동의 한 주택가. 이곳에 지성진의 작업실이 있다. 예전에는 지하에 작업실이 있었지만, 요즘은 동네 친구 집의 벽 하나를 빌려 작업을 한다.

지나가던 학생들이 호기심어린 눈빛으로 그의 벽을 기웃거리고, 동네 사람들이 흥미로운 질문을 던져온다. 그렇게 친해지다 보니 이제는 그에게 벽을 내주는 동네 사람들도 많아졌다. 그가 드나드는 골목길에는 회색 벽 대신 알록달록한 그래피티 작품이 펼쳐 있고, 동네어귀 쌀집엔 간판 대신 멋진 그림이 벽면을 차지하고 있다. 쌀집 주인은 성진의 친구 아버지다. 나이든 모습이 아닌 젊은 시절의

훤한 얼굴로 그려놓은 덕분에 젊은 초상화를 벽에 걸어놓은 격이 되었다. 쌀집 주인은 그래피티 아티스트 이웃에게 얻은 멋진 초상화를 수시로 오가며 들여다보는 걸로 소일을 한다. 그렇게 틈날 때마다 보면서 그래피티를 보는 눈이 거의 전문가 수준이 다 됐다고, 그는 너스레웃음을 웃었다.

"이 초상화 근사하지? 내가 젊었을 때는 그래도 괜찮았다고. 스프레이로 이렇게 그렸다는 게 대단하지 않아? 사실 보통 사람들은 일자도 잘 못 그리거든."

지성진은 그림으로 사람들과 소통하기를 원한다. 그건 다른 그림에서 맛볼 수 없는 즐거움이다. 하지만 여전히 그의 작업을 못마땅한 시선으로 보는 사람들도 있다. 가끔 그의 작업장에 예상치 못한 복병이 등장하기도 한다.

"도대체 다 큰 총각이 벽에 뭐하는 짓이여? 당장 지우지 못해!!"

호랑이 할머니의 불호령이다. 이런 상황은 그래피티를 하다보면 수없이 겪어야 하는 통과의례! 그는 애교를 섞어가며 할머니의 노기를 달랜다.

"조금 봐주세요, 할머니. 그냥 담벼락보다는 보기 좋잖아요. 다음엔 할머니를 예쁘게 그려드릴게. 약속!"

아직은 작품에 몰두하는 것보다 낙서라는 뿌리 깊은 편견과 싸워야 하는 시간이 더 많다. 그것이 지금 이곳에서 그래피티를 하는 사람들의 숙명이다.

예술만을 고집하는 다른 아티스트들과는 달리, 지성진의 활동범위는 단지 그림을 그리는 일에 그치지 않는다. 카리스마 넘치는 외모와 독특한 이력을 가진 터라 그는 연예인 못지않게 방송제의를 많이 받는다. 다큐멘터리에 출연한 것만 해도 이미 여러 차례다. 그는 영화나 드라마의 단역, 모 방송사의 채널광고 모델로도 출연한 바 있다.

사람들은 이렇게 세상에 알려지는 그를 보면서 나서기 좋아하는 쇼맨십 강한 인물쯤으로 여기기도 한다. 하지만 그가 방송출연을 하는 데는 이유가 있다. 그래피티가 뒷골목에 아무렇게나 널린 끼적거린 낙서가 아니라, 예술의 한 장르라는 걸 알리기 위해서다.

지성진은 모 방송사에서 제작하는 그래피티 문화에 대한 다큐멘터리를 촬영했다. 그는 프로듀서가 일일이 요구하지 않아도, 영상효과를 최대한 살릴 수 있는 작업을 멋지게 재연하고, 자신의 이야기를 솔직하게 풀어놓았다.

"그래피티를 하면서 가장 힘든 점이 뭐예요?"

"아무래도 스프레이 색이 너무 한정돼 있다는 거죠. 유럽에선 색이 팔백 가지 이상이에요. 일본만 해도 오백 종이 넘고요. 우리나라에서는 구할 수 있는 색이라고 해봐야 사십 종이 채 안 돼요. 원하는 색을 내기에 아쉬운 점이 많죠. 노즐도 다양하지 못해서 볼펜심을 이용한 특수기구를 사용해야 하고요. 그런 점들이 우리나라 그래피티 아티스트들의 애환이랍니다. 그래도 가장 힘든 건 그래피티를 예술이 아니라, 그저 벽에 휘갈긴 낙서쯤으로 여기는 사람들의 인식이에요."

밀려드는 방송 출연에 지칠 만도 한데, 그는 또 다른 일을 벌였다.

창고에서 낡은 합판을 가져다 망치질을 하고, 그 앞에 비디오카메라를 설치했다. 그가 직접 촬영에 나설 모양이다.

"동영상 강좌를 계속 만들고 있어요. 그래피티를 전문적으로 가르쳐주는 곳이 없기 때문에, 막상 시도하려면 되게 막막해요. 저도 처음에는 그림 그리는 방법을 전혀 몰랐어요. 선을 굵게 또는 얇게 내는 방법도 그냥 수도 없이 하다보니까 우연찮게 알게 된 거죠."

동영상 제작은 상당히 번거로운 작업이다. 그래피티를 그리는 것으로 끝나지 않고 그래피티 작업의 기본과정을 복기하듯 비디오카메라에 담아야 하기 때문에 시간과 노력이 여간 많이 드는 것이 아니다. 이런 작업은 돈이 들어오는 것도 아니고 순전히 그의 시간을 축낼 뿐이지만 그래도 지성진에게는 소중한 일이다. 자신을 알릴 수 있을 뿐 아니라, 그래피티의 마니아를 확보할 수 있기 때문이다.

"요즘은 이런 걸 올려주면 좋겠다고 요청하는 주문이 많이 들어옵니다. 인터넷을 이용한 방법이 가장 효과적인 듯해요. 소자본으로 저만의 성을 구축한 거죠. 굳이 광고를 하지 않더라도 인터넷을 통한 의뢰가 상당히 많아졌어요. 앞으로 인터넷 영상이나 매체가 그래피티를 알리는 방법이 될 거예요. 사람들도 훨씬 더 쉽게 그래피티를 접하게 되겠죠."

벽이 원하는 그림을 그려라!

지성진은 어린이 대공원에서 작품을 의뢰받았다. '보드아트'라는 장르다. 이건 바닥에 그림을 그리는 것인데, 놀이공원이니만큼 색다른 재미를 느낄 수 있게 작품을 만들어야 한다.

그의 구상은 바닥에 입체적인 그림을 깔아서 착시현상이 나타나게 하려는 것. 원래는 바닥에 직접 그려야 하지만, 잘 지워지지 않기 때문에 합판에 작업을 하고 바닥에 깔기로 했다. 그는 무엇을 그릴까 곰곰이 생각하다가 아이들이 좋아하는 펭귄을 그리기 시작했다. 빙산으로 이루어진 작은 웅덩이에서 귀여운 펭귄들이 하나 둘 생겨났다. 그는 그림을 그리면서도 도중에 사진을 찍는다. 작품의 시각적인 효과를 보기 위해서다. 장난기가 발동한 그는 그림 속 웅덩이에 들어간 것처럼 펭귄들과 포즈를 취했다. 마치 펭귄들에게 먹이를 주는 양.

"진짜 같죠?"

그는 장난스레 물었지만, 빙산의 작은 웅덩이 속에서는 그와 펭귄이 정말 어우러져 있었다.

그래피티는 삶의 한복판, 바로 거리에서 이뤄지는 것이라 삶의 이야기가 자연스럽게 담긴다. 작품이 위치하는 장소에 따라, 혹은 보는 사람에 따라 다양한 해석이 가능하다.

"같은 그림을 그려도 매번 새로운 느낌이 날 수밖에 없어요. 주변 환경에 따라 그림이 달라지거든요. 그러니 주어진 여건이나 시간에 따라 항상 새롭게 작업을 하게 되죠."

그는 자신이 그리고 싶은 그림을 고집하기보다는 벽이 요구하는 그림을 그린다. 어떤 행사를 위한 그래피티라면, 특별히 그 행사의 특징에 따라 이미지를 그려놓는다. 장소가 요구하는 주제와 벽의 특수성에 맞는 그림이 되어야 하는 것이다.

수많은 작품들 중에서도 그가 가장 아끼는 작품이 있다. 그것은 지난해 작업한 화물차다. 시간이 날 때마다 그는 화물차 터미널로 찾아가 작품의 상태를 살핀다. 긁힌 곳은 없는지, 색이 바래지지는 않았는지. 차를 살펴보는 그의 눈에 범퍼부분의 작은 흠이 보였다.

"어? 이거 왜 이래요?"

"참, 며칠 전에 간단한 접촉사고가 있었는데…… 귀신같이 잡아내네. 좀 긁혔어."

다행히 심각한 손상을 입은 것은 아니었지만, 긁힌 부분을 스프레이로 정성스럽게 마감하는 그의 손길은 마치 자식을 돌보는 듯하다.

"가장 아끼는 작품이에요. 열두 시간을 쉬지 않고 작업하고는 탈진해 쓰러졌거든요. 이런 화물차는 굴곡이 많고 크기도 엄청나서 작업하기가 무지 힘들었지만, 작업을 마치고 나서 이루 말할 수 없이 기뻤어요. 내 그림이 전국의 도로를 달린다고 생각해 보세요. 그야말로 움직이는 벽이잖아요."

벽에만 그린다는 그래피티의 고정관념은 이미 깨진 지 오래다. 지성진은 티셔츠나 서핑보드, 스노보드처럼 일상생활에서 접하기 쉬운 생활용품에도 그래피티를 접목하고 있다. 앞으로 그의 이름으로 된 회사를 차릴 욕심도 갖고 있다. 물론 여러 분야에 그래피티를 접목하고 다양한 영역으로 확대시키기 위해서다.

캔버스의 경계를 허물고자 하는 그의 욕심은 끝이 없다. 할 수만 있다면 세상의 모든 것을 그래피티로 꾸미고 싶은 것이 지성진의 바람이다.

"비행기에 그래피티를 해보고 싶어요. 아니면 건물 하나를 통째로 빌려서 전부 그래피티로 꾸며보는 것도 재미있을 것 같고요. 아, 그리고 마음껏 그림을 그릴 수 있는 내 이름으로 된 거리 갤러리도 만들고 싶어요."

삭막한 회색빛 도시의 벽을 향해 무지갯빛 꿈을 쏟아놓는 거리의 예술가, 지성진. 그가 세상의 벽을 향해 뿜어내는 또 다른 자유는 어떤 빛깔일까.

◆ 그래피티란?

자유! 탈출구? 스프레이를 뿌릴 때의 그 느낌은 이루 말할 수 없어요. 짧은 시간 안에 큰 그림을 그릴 수 있고, 그 그림을 통해 사람들을 만날 수 있죠. 무엇보다도 작업이 끝난 후 만족감은 아무도 모를걸요. 그래피티는 도중에 멈출 수 없는 마력을 지닌 예술이에요.

◆ 잊을 수 없는 에피소드

진짜 힘든 일이 너무 많았어요. 영하 20도가 넘는 눈밭에서 락카 스프레이를 잡고 아침부터 밤새 작업을 해서 몸이 꽁꽁 얼어붙은 적도 있었어요. 예전에 방독면이 없었을 때는 유독 가스 때문에 응급실에도 여러 번 실려 갔고요. 탈진해서 쓰러지는 일도 있었죠. 너무 짧은 시간 내에 큰 그림을 맡아서 시간적 압박에 시달리기도 하고, 다 그린 후에는 그림이 마음에 안 들어서 고민도 숱하게 하고, 여러 가지가 있죠.

설탕, 초콜릿, 그리고 달콤한 인생

설탕공예가 정영택

라스베이거스를 접수하라!

거부할 수 없는 달콤한 유혹

또 다른 도전, 초콜릿 마스터

음식, 그 이상의 가치를 불어넣어라!

| 설탕공예가 **정영택** |

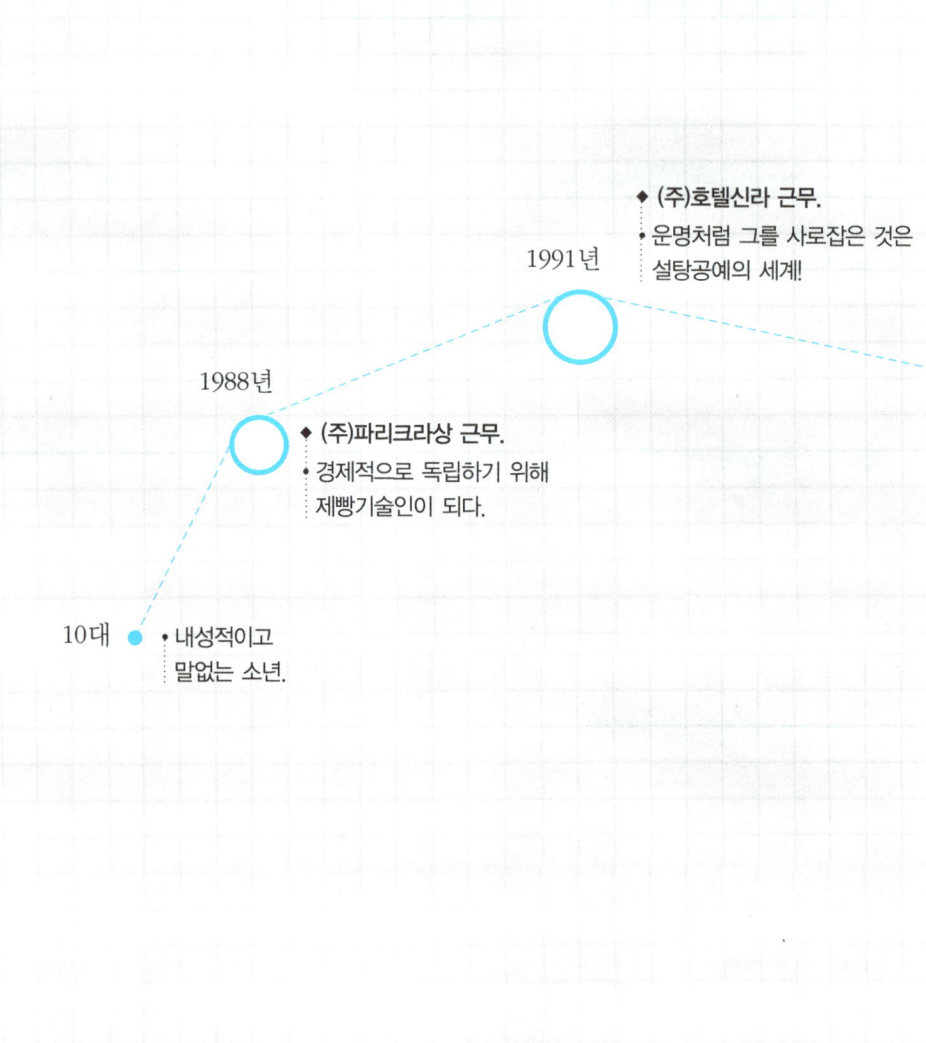

1991년
◆ (주)호텔신라 근무.
• 운명처럼 그를 사로잡은 것은 설탕공예의 세계!

1988년
◆ (주)파리크라상 근무.
• 경제적으로 독립하기 위해 제빵기술인이 되다.

10대
• 내성적이고 말없는 소년.

펄펄 끓는 설탕이 식기 전에 판에 붓는다. 설탕 반죽을 만들어 동그란 공 모양으로 빚어낸다. 유리공예를 하듯 펌프로 공기를 불어넣자, 설탕 반죽은 금세 부풀어 오른다. 마치 물을 품은 푸른 지구본 같다. 다시 반죽을 주무르더니 이번엔 비익조 한 마리를 빚어 지구본 위에 올린다. 이렇게 해서 물, 불, 대지, 바람이라는 주제는 멋진 설탕공예 작품으로 형상화되었다.

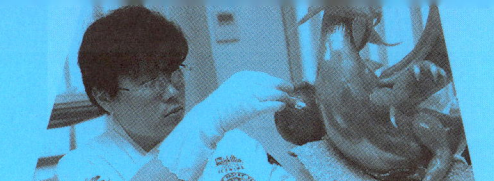

2005년
◆ 정영택 아트스쿨 개원.
• 아름다운 설탕공예의 세계로 후배들을 이끌다.

2003년
◆ 프랑스 페이스트리컵 챔피언십(03).
◆ 미국 라스베이거스 월드 페이스트리팀 챔피언십(04) 슈거 부문 1위.
• 세계 최고의 슈거 아티스트의 경지에 오르다!

현재
◆ 월드 초콜릿 마스터스에 도전.
• 세계 최고의 파티시에를 꿈꾸다.

> 저는 힘든 환경 속에서 혼자 터득해왔지만, 후배들은 조금 더 나은 환경에서 배울 수 있었으면 좋겠어요. 제가 몇 달을 걸려서 배웠을 것을 짧은 시간에 가르쳐주고 배울 수 있는 환경이 되었으면 하는 것이 제 바람입니다.

라스베이거스를 접수하라!

2004년 7월 미국 라스베이거스, 일확천금을 꿈꾸는 사람들이 몰려든다는 도박의 도시. 그곳 라스베이거스를 접수하겠다고 나선 한국의 젊은이가 있었다. 그의 손에는 포커 카드 대신 스패츌러가, 코인(Coin)대신 믹싱볼이 쥐어 있었다. 우승상금 5만 달러와 세계 최고 파티시에의 영예가 동시에 주어지는 월드 페이스트리팀 챔피언십에 한국은 정영택을 중심으로 팀을 이뤄 출전했다. 그는 내로라하는 세계 정상의 파티시에들이 모두 참가하는 대회에 나섰지만, 패기만만하게도 우승을 자신했다.

대회장인 리오 호텔의 컨벤션홀에는 새벽 5시부터 출전자들이 부스에 들어와 도구와 재료를 세팅하기 시작했다. 프랑스 팀과 일본 팀은 아예 공장을 통째 옮겨온 것처럼 엄청나게 많은 도구와 장비를 준비해왔다. 괜스레 다른 팀들이 주눅이 들 정도였다. 하지만 필요 없거나 사용하지 못하는 도구, 지나치게 많은 양의 재료는 감점의 대상이 되었다. 심사위원들은 불필요한 도구와 재료를 빼도록 조치했다.

대회는 유독 규정이 까다로웠다. 심사위원들이 부스 구석구석까지 꼼꼼하고도 날카롭게 살폈다. 그런데 한국 팀 부스를 유심히 관찰하던 일본 심사위원이 트집을 잡았다.

"규정 위반입니다. 믹스 재료는 사용할 수 없습니다."

두 가지 설탕을 계량하고 같은 용기에 넣어 두었는데 그것을 배합 재료라고 문제삼은 것이다. 하지만 심사위원장이 직접 나서서 '문제없음'을 결정하고 사태는 이내 수습됐다.

본격적인 경연을 앞두고, 주제가 발표됐다.

"대회의 주제는 4원소입니다. 인간 세상을 구성하는 가장 중요한 요소지요. '대지, 물, 불, 바람'. 이 4원소로 멋진 작품을 만들어내기 바랍니다!"

4원소라니? 이처럼 추상적이고 심오한 주제를 어떻게 설탕으로 표현할 것인가.

"삐익, 삑―"

시작을 알리는 호루라기 소리가 울렸다. 각 팀의 손놀림이 분주해졌다. 선수들은 해야 할 과제가 많았다. 일단 오후 2시까지 설탕과 초콜릿 공예를 마무리하고, 틈틈이 앙트르메, 앙트르메 글라세, 초콜릿 봉봉, 프티 가토 등 4종류에 달하는 시식제품을 심사 스케줄에 맞게 만들어야 한다.

정영택은 대회 석 달 전부터 고된 합숙훈련으로 몸무게가 5kg이나 빠져 있는 상태였지만, 컨디션은 최상이었다.

그는 심호흡을 한 번 하고 설탕을 끓이기 시작했다. 펄펄 끓는 설탕이 식기 전에 판에 붓는다. 설탕 반죽을 만들어 동그란 공 모양으로 빚어낸다. 유리공예를 하듯 펌프로 공기를 불어넣자, 설탕 반죽은 금세 부풀어 오른다. 마치 물을 품은 푸른 지구본 같다. 그는 대지를 나타내는 꽃밭을 블랙홀 위에 얹고, 그 위에 불을 내뿜으며 포효하는 용의 형상을 빚어 한 층 더 얹는다. 다시 반죽을 주무르더니 이번에는 금방이라도 바람을 타고 오를 듯한 비익조 한 마리를 빚어 맨 꼭대기에 얹는다. 물과 대지, 불과 바람. 어느새 4원소라는 주제는 멋진 설탕공예 작품으로 형상화되었다. 제과의 종주국이라는 서양의 파티시에들이 결코 흉내 낼 수 없는, 지극히 동양적인 작품이었다.

작품이 제 모습을 잡아가면서 장내가 술렁이기 시작했다. 대회를 중계하는 TV 카메라와 각국 심사위원들이 한국 팀 부스로 몰려들었고, 정영택의 설탕공예 작품은 이번 대회의 가장 큰 이슈가 되었다.

이틀간의 경기가 막바지에 달하자 대회장은 참가팀들의 마지막 분투로 더욱 달아올랐다. 마침내 12개 참가팀 선수들의 작품들이 뷔페 테이블에 세팅되었다.

선수들은 칵테일파티로 담소를 나누며 그동안 쌓인 긴장감을 풀었다. 하지만 시상식까지 삼십 분 남짓한 그 시간이 정영택에게는 3년처럼 길기만 했다.

시상식이 시작되자 장내는 다시 긴장감이 감돌았다. 시상을 맡은 대회 창시자 미셸 슈나이더가 설탕공예 부문 1위를 발표했다.

"베스트슈가 부문 1위, 다들 예상하고 계시죠? 지금까지 제가 본 설탕공예 중 가장 아름답고 눈으로 믿기 힘든 역작입니다. 챔피언은, 사우스코리아!"

시상식장은 순간 한국 응원단의 환호성으로 가득 찼다. 설탕공예의 불모지나 다름없는 한국에서 챔피언 자리에 오른 젊은이, 정영택에게 전 세계 언론의 스포트라이트가 집중됐다.

'감'이나 '운'을 믿지 않고 치밀한 계산으로만 배팅하는 프로 도박사처럼, 정영택은 설탕공예라는 자신만의 세계를 한 단계씩 차근차근 만들어가고 있었다.

거부할 수 없는 달콤한 유혹

정영택의 어린 시절은 그리 다복하지 못했다. 부모님을 일찍 여의고 누나와 함께 고모의 손에 자랐다. 그는 그림을 곧잘 그렸지만, 친척어른들은 그림보다는 자신의 생계를 꾸려나갈 수 있는 기술을 권했다.

그는 일찌감치 제과업체로 진로를 선택했다. 남들이 대학 공부를 할 때 제과학원을 찾아가 실력을 쌓았다. 그에게는 특유의 성실성과 섬세한 재능이 있었다. 그건 자기 길을 걸어가는 일에선 대단한 동력이었다. 그는 곧 제과업계 최고의 자리라는 일류호텔의 주방장이 되었고, 유명 인사들의 디저트만을 책임지는 파티시에로 자리잡았다.

하지만 어느 날 남부러울 게 없는 그를 뒤흔들 만한 일이 일어났다. 외국에서 잠시 파견 나온 주방장이 그의 마음을 단숨에 사로잡는 디저트를 만든 것이다. 케이크 위에 살포시 얹은 투명하고 영롱한 장미 한 송이! 먹기가 아까울 만큼 아름다운 작품이었다. 그것은 독특한 색감과 광택을 띠고 있어 어떤 재료로 만들었는지 짐작조차 할 수 없었다. 정영택은 궁금증을 참지 못하고 짧은 영어로 물었다.

"도대체 뭘로 만든 겁니까?"

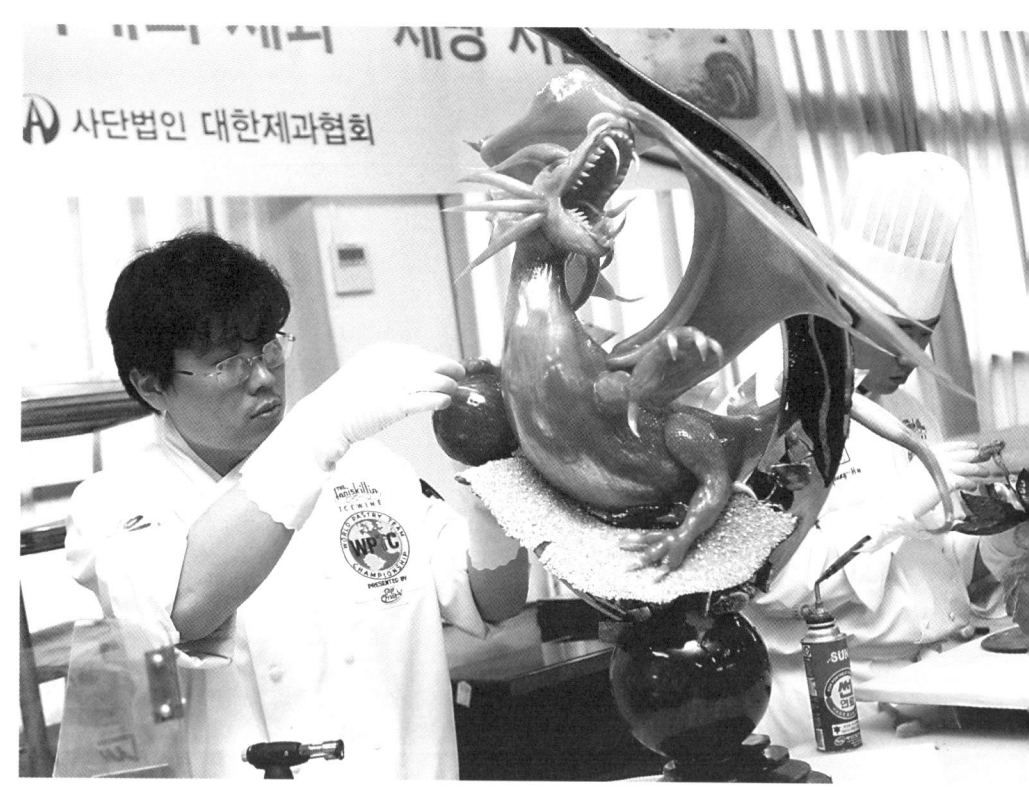

"설탕!"

"이게 정말 설탕으로 만든 거란 말입니까? 우리가 매일 쓰는 그 설탕?"

"그렇다니까요. 설탕!"

흔하디흔한 설탕으로 어떻게 이런 작품을 만드는지 궁금해서 도무지 견딜 수가 없었다. 하지만 아무리 수소문해도 국내에서는 설탕공예를 전문적으로 하는 사람이 없었다. 정영택은 어렵게 기본 원리만 알아낸 채 무작정 작품을 만들기 시작했다.

어느 날 밤 모두 퇴근한 주방에서 혼자 연습을 하다가 깜빡 잠이 들고 말았다. 꿈속에서 그는 멋진 설탕공예 장식을 얹은 웨딩케이크를 만들었다.

"와, 예술이에요!"

"이 환상적인 웨딩케이크는 도대체 뭘로 만든 거예요?"

결혼식에 온 사람들의 입에선 탄성이 흘러나왔다. 웨딩케이크 앞의 신랑과 신부도 세상에서 가장 행복해 보였다.

한참 달콤한 꿈에 젖어드는데 실제로 달콤한 냄새가 콧속을 파고들었다. 순간, 불길한 예감에 화들짝 잠을 깼다. 주방에 벌건 불길이 일고 있었다. 설탕반죽을 불에 올려놓은 채 잠이 들었던 것이다. 다행히 큰불은 아니었지만 그에게는 위험이 뒤따르는 시행착오가 수도 없이 되풀이되었다.

그 시절, 그는 치열한 자기와의 싸움을 벌였다. 낮에는 호텔에서 일을 하고 밤에는 설탕공예 연습에 매달리는, 피곤한 나날이었다.

설탕공예의 핵심은 온도에 있었다. 그는 설탕을 몇 도까지 끓여야 하는지 반죽은 어느 정도로 식혀야 하는지 알 수가 없어서 일일이 손의 느낌으로 그 온도를 알아내야 했다. 아무리 장갑을 겹겹이 낀다 해도 손은 늘 수난을 당했다. 화상으로 남은 상처가 좀처럼 사라지지 않았고, 물집이 잡히고 터지기를 수차례, 결국 대못처럼 굳은살이 박혀갔다. 같은 자세로 오랜 시간 작업을 하다 보니, 목 디스크와 허리병도 수시로 그의 몸을 고통스럽게 했다. 하지만 그런 상처나 고통마저도 자랑스러운 훈장처럼 여겨졌던 건, 설탕공예로 그 무엇과도 바꿀 수 없는 멋진 작품을 빚어낼 수 있었기 때문이다.

시련은 밖에서도 찾아왔다. 아무도 인정하지 않고 돈도 안 되는 설탕공예에 밤낮으로 빠져 있는 영택이 호텔 측에서 곱게 보일 리 없었다. 그는 호텔 측과 갈등을 겪다가 결국 설탕공예에만 전념하기로 결심했다.

그 당시 우리나라에서는 설탕공예라는 말조차 낯설기 짝이 없던 상황이었다. 탄탄한 직장까지 뒤로한 그의 시도는 도전이 아니라 모험에 가까웠다. 하지만 그 후로 그는 여러 번의 세계대회 챔피언을 거머쥐면서 우리나라에 설탕공예를 뿌리내리기 시작했다. 설탕공예는 이제 유명 파티나 만찬 후에 심심찮게 등장하는 디저트의 꽃으로 사랑 받게 되었다.

처음 본 순간부터 거부할 수 없는 유혹으로 다가온 설탕공예. 하지만 지금은 그가 사람들을 그 달콤한 유혹 속으로 빠트리고 있다.

또 다른 도전, 초콜릿 마스터

정영택이 아침 일찍 대회장으로 향한다. 이번에는 설탕이 아니라 초콜릿이다.

미리 예선을 거쳐 선발된 4명의 쇼콜라티에가 4개 부문에서 무려 8시간에 거친 레이스를 펼친다. 이번 대회는 올 가을 프랑스 세계 초콜릿 축제에 나갈 한국대표 선발전도 겸하고 있다.

정영택은 설탕공예에서는 이미 자기 입지를 굳혔지만, 초콜릿은 전혀 새로운 분야였다. 그의 마음은 설렘과 긴장감으로 복잡했다.

첫 번째 경합종목은 초콜릿 공예. 주제는 '한국의 신화'다. 정영택은 한국의 신화를 어떻게 초콜릿으로 요리할까?

그는 용을 모티브로 삼았다. 살아 꿈틀거릴 것 같은 용이 순식간에 만들어졌다. 민화에 등장하는 호랑이는 화이트 초콜릿을 입고 눈앞에 나타났다. 그때였다. 그가 호랑이를 용 위에 얹으려는 순간, 우당탕탕 소리가 울려 퍼졌다.

예기치 못한 돌발상황이 벌어지고 말았다. 용의 머리가 별안간 뚝 떨어져 산산조각난 것이다. 공든 탑이 일시에 무너지는 건가. 장내는 찬물을 끼얹는 듯 조용해졌다.

'수없이 예상해왔던 상황이다. 진정한 초콜릿마스터는 이런 상황까지도 예견하고 대비할 수 있어야 한다.'

애써 마음을 다잡아 냉정을 찾아보려 하지만, 어디서부터 어떻게 시작해야 할지 막막했다. 땀이 비 오듯 흐르고, 입술은 바짝바짝 타들어갔다. 음식으로 하는 공예에서는 재료가 빛과 온도, 습도 같은 작은 변수에도 민감하게 반응한다. 더구나 예술성을 추구하는 섬세한 작품일수록 안정성과는 거리가 멀어지기 마련이다.

작품을 처음부터 다시 만들어야 했다. 절대적으로 시간이 부족했다. 하지만 정영택의 두 손은 침착하고도 재빠르게 사태를 수습했다. 역시 그는 프로였다.

시간에 쫓기면서도 작품은 제시간에 마무리되었다. 한국을 상징하는 호랑이와 승천하는 용의 기상이 어우러져 웅장한 자태를 한껏 드러냈다. 주몽을 연상케 하는 고구려의 건국신화가 엿보였다. 그의 초콜릿 공예작품은 마치 우리나라의 신화를 파노라마로 엮어 보여 주는 듯했다.

안도의 순간도 잠시, 숨 돌릴 틈도 없이 정영택은 다음 경합종목인 초콜릿 케이크를 만들기 시작했다. 그는 놀랍게도 누룽지와 초콜릿을 결합시켰다. 누룽지 맛을 내는 무스 케이크 위에 초콜릿으로 반짝거리는 코팅을 입히고, 동양적인 문양으로 장식을 했다. 그야말로 맛도 모양도 지극히 한국적인 초콜릿 케이크가 탄생했다. 다를 게 없는 초콜릿이지만 어떤 재료를 어떻게 배합했느냐에 따라 전혀 다른 맛을 낼 것이다. 일단 그의 초콜릿 케이크는 기발하고 독특한 발상으로 시선을 끌었다.

"누룽지를 감춘 초콜릿 케이크라……. 과연 서로 다른 맛이 조화를 이룰까?"

누룽지와 초콜릿이 어우러진 맛은 모양만큼이나 독특했다. 심사위원들은 모두 후한 점수를 주지 않을 수 없었다.

한층 여유를 찾은 정영택은 남은 과제인 수제 초콜릿과 초콜릿 디저트까지 일사천리로 만들어냈다.

  시상식의 마지막 호명은 역시 정영택이었다. 그의 얼굴에는 만감이 교차했고, 우여곡절 많았던 노력의 날들이 주마등처럼 스쳤다.

  이미 설탕공예의 대가로 인정받았지만, 한 단계 더 올라선 디저트를 만들기 위해 그는 새로운 도전을 서슴지 않았고 마침내 결실을 이뤄낸 것이다.

음식, 그 이상의 가치를 불어넣어라!

  "배달이요!"

  이른 아침 정영택의 작업실에는 어김없이 설탕이 배달된다. 설탕공예에 쓰이는 설탕은 전혀 특별하지 않은, 주변에서 흔히 볼 수 있는 보통 설탕이다.

  그는 창고에 설탕포대를 쌓아놓고서야 안심이 된다. 하루에도 대여섯 포의 설탕을 쓰기 때문이다. 음식에 넣으면 몇 년을 먹어도 다 먹지 못할 것을 그는 이삼 일이면 다 써버린다.

  오늘은 평소보다 더 많은 설탕을 받았다. 특별한 웨딩케이크를 주문받았기 때문이다.

  그는 얼마 전 성대히 치러진 찰스 왕세자와 파밀라 파커볼스의 결혼식 사진을 들고 있다. 물론 사진 속에는 세기의 결혼식을 장식한 설탕공예 웨딩케이크가 또렷이 보인다. 어느 신부의 어머니가 그 작품을 TV로 보고 딸의 결혼식을 특별한 웨딩케이크로 꾸며 달라고 주문한 것이다.

　설탕공예의 역사는 웨딩케이크에서 시작됐다고 해도 과언이 아니다. 1840년 빅토리아 여왕과 알버트 공의 결혼식 당시 만들어진 웨딩케이크는 둘레만 약 2.7미터에, 무게가 3백 파운드, 약 136kg의 무게를 지닌 초대형 케이크였다. 그 위에 갖가지 섬세한 설탕공예 조형물들이 장식되어 화려함의 극치를 이뤘다. 그때만 해도 설탕은 귀족들의 사치품이어서 설탕을 주재료로 하는 케이크로 자신의 능력을 과시하려 했다. 우리나라에서도 설탕 케이크는 워낙 고가인데다 아직 널리 알려져 있지 않아서 찾는 사람이 많지는 않다. 그래도 조금씩 찾는 사람들이 늘고 있는 추세다.

　설탕으로 만드는 웨딩케이크는 후르츠 파운드 케이크 위에 럼과 시럽 등을 바르고 마지막으로 설탕 공예품을 장식한다. 주로 3단으로 만드는데 거기에는 재미있는 풍습이 깃들어 있다.

　맨 아래 가장 큰 단은 그날의 손님들과 나눠먹고, 두 번째 단은 참석하지 못한 친지에게 보내고, 제일 위의 작은 단은 결혼 후 첫 아이가 탄생한 1년 후에 먹는다고 한다. 슈거아트로 제작한 웨딩케이크는 결혼과 가족을 상징하는 의미도 있지만 워낙 오래 두고 먹어도 상하지 않기 때문이다.

　그는 순백의 설탕 드레스를 입은 신부와 신랑을 꼭대기에 얹으며 웨딩케이크를 완성한다. 이 웨딩케이크의 가격은 무려 오백만 원. 오만 원어치의 설탕으로 무려 백배 이상의 가치를 만들어내는 것이 바로 설탕공예다.

　하지만 고가의 작품만을 만드는 것은 아니다. 그의 초콜릿 봉봉제품은 전국의 유명 백화점에 숍인숍 형태로 보급되는 한편, 팬시푸드의 새로운 가능성을 열고 있다. 발렌타인데이에는 그의 황금돼지 초콜릿이 대히트를 쳤고, 화이트데이에는 꽃 모양의 설탕공예 소품이 많은 사랑을 받았다.

"한국에는 디저트 문화를 정착시키는 게 급선무입니다. 앞으로 10년은 고생하겠지만 10년 뒤엔 보편화될 겁니다. 제가 올해로 10년째인데 신기하게도 차츰 분위기가 형성되는 것 같습니다."

그는 아직 미개척 분야에 서 있다. 그러기에 앞으로 열릴 시장이 더욱 기대가 된다. 흔하디흔한 설탕이 수백 배의 가치를 만들어내듯, 정영택에게 디저트의 세계는 무궁무진한 가능성을 열어주는 블루오션이 된다.

"디저트는 한입거리밖에 안 되지만, 단연코 식탁의 꽃입니다. 음

해바라기

자연

식맛이 없었더라도 디저트가 훌륭하다면 그날의 식사는 멋지게 기억되기 마련이죠. 아직은 우리나라에 디저트 문화가 형성되어 있지 않지만, 사람들을 행복하게 해주는 디저트를 만들고 싶습니다!"

수천 번의 손길을 거쳐야만 비로소 완성되는 그의 작품들처럼, 달콤한 성공을 위한 정영택의 발걸음은 오늘도 멈추지 않는다.

◆ **설탕공예의 매력**
어떤 공예재료보다도 찬란한 작품을 만들어낼 수 있는 재료가 아닐까요? 도저히 설탕으로 만들었으리라고 믿기 어려울 만큼 색상과 광택이 화려하죠. 오랜 시간 정성을 들여 만든 작품을 테이블을 올려놓았을 때 그 순간의 희열은 아무도 모를 겁니다. 설탕공예를 만들 때는 기쁨과 아쉬움과 성취감이 제 안에 가득 채워지거든요.

◆ **작품의 영감을 얻는 방법**
일단 주제를 손에 쥐면 자나 깨나 그 생각만 해요. 영감을 가장 많이 얻는 건 자다가 선잠 깼을 때예요. 항상 그 생각 속에 묻혀 있다 보니까 무의식중에 아이디어가 청사진처럼 그려진다고나 할까요? 그날 생각났던 것들을 만들고 수정하면서 하나의 작품을 탄생시키죠.
또 다른 파티시에들의 작품도 자주 보러 다닙니다. 제가 시도하지 못했던 것도 볼 수 있고, 새로운 시장의 흐름도 알 수 있죠.

◆ **성공이란?**
자기의 분야에서 인정을 받는 거겠죠. 이쪽 분야에서 인정을 받으려면 수많은 어려움을 겪게 됩니다. 그걸 뛰어넘으면 또 다른 목표가 보이죠. 그 새로운 목표를 이루기 위해서는 또다시 어려움을 넘게 되고요. 그렇게 계속 고개를 넘어서다 보면 언젠가는 그것이 성공으로 다가올 거라 봐요.

허브의 향기로 세상을 사로잡다

허브사업가 이상수

허브왕국의 독재자

수박에 말뚝 박기

문익점이 목화씨를 들여오듯

스치는 생각을 잡아라!

| 허브사업가 **이상수** |

1980년
- 한국 최초로 겨울에 씨없는 수박 생산.
- 거듭된 수박농사의 실패에도 새로운 아이디어를 찾아내다.

1973년
- 열아홉의 소년 이상수, 농사꾼이 되다.

1982년
- 중앙상사 설립.
- 종묘사업에서 뜻밖에도 분쟁의 소용돌이에 휘말리게 되다!

10대
- 충북 청주 출생.
- 가난한 농사꾼의 7남매 중 장남.

허브가 창출하는 시장은 블루오션입니다. 예전에 비하면 많이 대중화되었지만, 아직도 허브가 창출할 수 있는 영역은 무한합니다. 그러기 위해서는 트렌드를 읽는 능력뿐만 아니라 대중의 잠재의식까지 읽을 수 있어야 합니다. 시장은 진출하는 것이 아니라 만드는 것입니다.

1998년 ◆ 제1회 허브축제 개최.

현재
◆ 허브워터 출시.
◆ 24시간 허브전문숍 프랜차이즈 런칭.

1988년
◆ 허브농장 설립.
• 문익점이 목화씨를 들여오듯, 까다로운 검역을 뚫고 이 땅에 허브의 뿌리를 내리다!

이제 허브 농사는 더 이상 작물을 길러서 파는 1차 산업이 아닙니다. 보고, 듣고, 만지고, 향기 맡고, 즐기는 오감만족의 산업이고, 사람들의 마음을 사로잡고 치료하는 산업입니다.

허브왕국의 독재자

충북 청원군의 어느 산자락. 그곳엔 마법의 성을 연상시키는 허브왕국이 있다. 천상의 선물이라는 허브들이 365일 지지 않는 꽃으로 온갖 향기와 빛깔을 뿜어내며 사람들을 유혹한다.

하지만 로마에서는 로마법을 따라야 하듯, 허브농장에 들어가려면 반드시 거쳐야 하는 불문율이 있다. 꽃구경을 위해 꼭 치러야 하는 통과의례는 대체 뭘까? 안내자의 지시에 따라 2층으로 올라갔더니 웬걸, 머리 허연 중년의 신사가 강의를 준비하고 있다.

"대단한 이벤트라도 있으려나 싶었는데 고작 강의라고?"

호기심으로 가득 찼던 사람들이 술렁이기 시작했다. 그때 점잖은 신사가 대뜸 허브 이파리를 한 움큼 쥐어뜯더니 사람들의 머리 위로 던졌다.

"자, 느껴 봐, 사랑의 향기를. 남자를 유혹하고 싶어? 이건 안테로 라벤더, 공주가 왕자를 유혹하는 향기지. 벌과 나비까지 유혹한다니까. 거기 아줌마! 주머니에 넣고 신랑을 유혹해 보라고. 좀 더 정열적으로 살아보란 말이야, 흐물흐물 살지 말고."

그의 말은 속사포처럼 빠르지만 노래하는 듯한 음률을 띠고 있었다. 열정적인 제스처와 유머러스한 표현이 마치 한 편의 모노드라마를 떠올리게 했다. 어느덧 사람들의 눈길은 그에게 고정되어 움직이지 않았다.

그가 관광객 하나를 불러내더니 코밑에 허브 화분을 들이댔다.

"여드름 난 청년! 이 향기를 맡아봐. 자, 뭐가 느껴져?"

"쑥 냄새 같은데요."

"쑥 냄새가 뭐야? 촌스럽게. 라벤더 향이라고 해야지. 야아, 놀라워. 여드름이 없어져! 이제 여자들이 자네 꽁무니를 줄줄 따라다녀!"

줄곧 감탄사와 폭소를 터뜨리던 관객들은, 강의가 끝날 무렵 모두 허브의 추종자가 되었다.

"자, 따라 해봐! 허브를 만나서 예뻐질 거야! 병이 없어질 거야! 그리고 행복해질 거야, 앗싸!"

강의를 듣지 않으면 농장 출입을 금지하는 이 막무가내 법 때문에 그동안 웃지 못할 일도 많았다. 4년 전, 홍콩에서 무려 270명의 관광객이 방문했다. 외국인이라고 해서 원칙에 예외가 있을 수는 없는 법! 말이 통하지 않아도 손짓 발짓에 허브향까지 총동원해 열심히 강의를 준비했다. 그런데 빠듯한 관광 일정에 쫓기던 가이드가 농원만 관광하기를 원했다. 당시는 한창 외국 관광객 유치에 힘을 기울이던 때라서 그들은 상당히 중요한 손님들이었다. 하지만 그는 단호했다.

"절대로 안 됩니다! 강의를 듣지 않으면 농장에 들어오실 수 없습니다."

단지 강의를 듣지 않는다는 이유로, 그는 바다 건너 멀리서 찾아온 손님들을 문전박대했다. 그가 강의를 고집하는 데는 이유가 있다.

"문 앞에서 그냥 돌아가는 관광객들을 보면서 제 마음이 좋을 리 있겠습니까. 홍콩 관광객들 사이에 홍보는커녕 안 좋은 소문이 퍼질 거라는 걱정도 들고요. 하지만 기업에는 윤리가 있습니다. 아는 만큼 볼 수 있고 즐길 수 있는 것이 허브의 세계입니다. 강의를 듣지 않는다는 건, 관광객들에게 허브를 보고 즐길 수 있는 권리를 빼앗아버리는 것이나 다름없습니다."

이제 허브농장은 연간 백만 명의 관광객이 방문하는 세계적인 관광지로 자리잡았다. 그의 고집스런 원칙이 당장은 손해를 끼쳤을지 몰라도 결과적으로는 성공가도의 초석이 되었던 것이다. 허브의 효능을 깊이 체험한 사람들은 적게는 두세 번, 많게는 대여섯 번씩 이곳을 다시 찾아왔다.

강렬한 카리스마와 고집으로 허브왕국을 다스리고 있는 독재자, 그는 허브왕 이상수다.

수박에 말뚝 박기

거침없는 달변이나 사람의 마음을 사로잡는 수완을 보면, 사람들은 이상수가 장사치나 교수출신일 거라고 짐작한다. 하지만 그는 원래 농사밖에 모르는 타고난 농사꾼이었다.

농사를 처음 시작한 것은 그가 열아홉이 되던 해. 이상수는 수박농사를 짓기로 마음을 먹었다. 그는 자신의 전 재산인 염소 세 마리를 팔아 뒷산에 비닐하우스를 마련했다. 말이 비닐하우스지, 산에서 아카시아 나무를 베어다 얼기설기 골조를 세운 엉성한 것이었다. 그 비닐하우스에서 동생 상신, 상은 씨와 손전등으로 밤을 밝혀가며 농사에 매달렸다.

"어이, 올빼미! 쉬엄쉬엄하라고. 농사가 뭐 열심히만 한다고 되간? 하늘이 지어주는 것이지!"

"그러게 말이야. 차라리 도시에 가서 다른 일을 해보는 게 어때? 지금 하듯이 올빼미처럼 열심히 하면, 틀림없이 성공할 거야."

다들 농촌을 떠나는 마당에 밤낮없이 농사일에만 몰두하는 그를 두고, 동네 사람들은 올빼미라고 놀려댔다. 하긴 아무리 열심히 일을 해도 형편은 좀처럼 나아지지 않았다. 고생고생해서 겨우 수확을 했지만, 맛있게 잘 익은 수박은 일궈내지 못했다. 덜 익은 것을 시장에 내놔봐야 반값도 받지 못하기 일쑤였다.

어느 날 엎친 데 덮친 격으로 출하 직전의 수박 일부에 생채기가 난 것을 발견했다. 그는 상심한 나머지 수박을 그대로 방치해 두었는데 놀랄 일이 일어났다. 수박 몇 통은 상처가 벌어져 썩었지만 대부분은 흔적도 없이 상처가 아문 것이다.

"그래, 뭔가 비밀이 있어!"

그는 놀부심술이라도 부리듯 아직 따지 않은 수박마다 부러 상처를 냈다. 동생들은 기가 막혔다.

"형, 왜 이래? 안 그래도 속상해 죽겠는데 뭐 하는 거야?"

"가만있어봐! 내가 수박을 쪼개보지 않고도 최상품을 골라낼 테니까!"

며칠 후 그는 생채기를 낸 수박들만 골라 쪼개보았다. 상처가 금방 아문 수박들은 여지없이 속이 빨갛고 당도가 높은 최상품이었다.

얼떨결에 수박농사법을 알아낸 이상수는 내친김에 철공소에 쇠도장을 주문했다. '상수'라고 새긴 커다란 쇠도장이었다. 그는 수박 껍질에 자기 이름의 도장을 찍어서 흠집을 내고 잘 익은 수박만 골라서 시장에 내놓았다. 저절로 품질 관리가 되었고, 브랜드 가치까지 인정받을 수 있었다. 덕분에 그의 수박은 두 배가 넘는 가격으로 시장에서 팔리게 되었다. 일종의 '농산물 실명제'였던 셈이다.

자신감을 얻은 그는 또 한 번 '사고'를 쳤다. 크리스마스 시즌에 맞춰 씨 없는 수박을 내놓은 것이다. 냉장고가 흔치 않던 시절, 한겨울에 생산되는 수박은 대히트였다. 서울 시내 유명 백화점에 내놓은 수박은 당시 쌀 한 가마니 값인 2만8천 원에 날개 돋친 듯 팔려나갔다. 언론에서도 그의 수박을 대서특필했다.

수박농사로 큰돈을 벌자 이번에는 또 다른 일에 도전했다. 그는 당시에 외국에만 있던 거대한 유리온실을 짓고 종묘사업을 벌였다. 한참 프로농사꾼으로 성공가도를 달리던 터라 이번에도 순풍이 불어올 줄만 알았다. 하지만 그 일은 청천벽력과 같은 위기를 몰고 왔다. 그가 농민들에게 보급한 피망고추씨앗에 바이러스가 보균되어 있었던 것이다.

수십 명의 농민들이 '바이러스 육묘' 피해를 주장하며 몰려들었다. 그들은 순식간에 유리온실을 박살냈고, 수백만 본의 어린 묘가 자라고 있는 육묘실을 쑥대밭으로 만들어버렸다. 그래도 성이 차지 않았는지, 돼지피를 유리온실 곳곳에 뿌리며 닥치는 대로 집기를 부수었다. 한 뿌리의 육묘라도 지키려는 직원들의 비명과 서슬 퍼런 농민들의 아우성 앞에서 이상수는 외쳤다.

"피망씨앗에만 바이러스가 있었을 뿐, 내가 키워낸 묘목에서는 발병하지 않았습니다. 실제로 건강하며 전혀 문제가 없습니다. 더구나 씨앗이 건너온 곳은 일본 다키 종묘입니다. 바이러스가 있는 씨앗이 수입됐다면, 다키 종묘와 그 씨앗을 수입한 회사에 책임을 물을 일입니다. 그리고 그 씨앗은 여러분이 직접 선택한 품종이었지 않습니까? 내 육묘에 관한 한 추호의 거리낌도 없으니 그만 돌아가십시오!"

하지만 흥분한 농민들의 귀에 그의 목소리가 들릴 리 없었다.

이상수는 지금도 그 절망의 순간을 기억한다. 그는 진실 여부와 관계없이 힘 앞에서 죄인일 수밖에 없는 현실에 짓눌렸던 것이다. 자긍심을 찾기 위해 이상수는 그날 이후 수년간 지리한 법정투쟁을 벌였고, 당시 권력을 행사하며 위증을 했던 몇몇 사람의 유죄를 입증해냈다.

그럼에도 그는 농사를 포기하지 않았다. 모두가 농촌을 떠나고 아무도 농사에 손대려 하지 않았지만, 농업이야말로 아직 개척해야 할 것이 무궁무진한 그만의 블루오션이었기 때문이다.

문익점이 목화씨를 들여오듯

허브농장에 있는 수천 종 수만 그루의 허브 중 어느 하나 그의 손길이 닿지 않은 것이 없지만, 이상수가 가장 아끼는 나무는 따로 있다. 그의 키보다도 훨씬 더 큰 로즈마리다.

그도 그럴 것이 그가 이곳에 20년을 살아오는 동안 로즈마리는 그와 언제나 함께했다. 허브농장에서 가장 나이가 많은 허브이고, 종묘 분쟁으로 절망에 빠져 있던 그에게 희망을 주었던 허브였다. 무엇보다도 우리나라 허브산업에 시발점이 된 상징적인 나무이기도 했다.

이 나무를 볼 때마다 그는 허브를 처음 접하게 된 그날을 떠올린다. 지금의 자신을 있게 해준 날이었다.

86아시안게임, 88서울올림픽 개최로 수많은 외국인들의 한국 러시가 이어지던 당시, 그가 야채를 공급하던 호텔의 외국인 주방장이 찾아왔다.

"서양 요리에는 허브라는 것이 꼭 들어가야 합니다. 그런데 수입 과정에서 건조되어 향이 날아가거나 부패하는 경우가 많아 신선한 것을 찾는 외국인들에게 요리로 내놓기가 부끄러워요. 당신 솜씨라면 최상급의 허브를 길러낼 수 있을 텐데, 허브를 저희에게 공급할 수 없을까요? 지금 들여오는 채소보다 가격은 20배를 더 쳐 드리겠습니다!"

20배라는 말에 프로농사꾼의 촉수가 움직였다. 국내에서는 허브가 무엇인지도 모르던 시절, 그것은 도전해야 할 새로운 분야였다.

그 길로 도서관으로 달려가 며칠 밤을 새가며 미국과 유럽의 책들을 섭렵했다. 그는 곧바로 허브를 수입해서 길러보기로 마음을 먹었다.

이상수는 당장 유럽으로 날아갔다. 일단 목표를 정하면 거침없이 달리는 것이야말로 그의 장기였다. 그는 자신의 장밋빛 미래를 꿈꾸며 당시로서는 거금인 6천만 원을 들여 40종의 허브를 샀다. 하지만 한국으로 돌아오는 길에 공항에서 발이 묶이고 말았다.

"이대로는 통관이 안 됩니다! 뿌리에 있는 흙을 다 털어내세요."

"아니, 식물에 흙을 털어내면 말라죽을 텐데요. 도대체 이게 얼마짜린 줄 아십니까?"

까다로운 농산물 검역기준에 예외는 없었다. 뿌리의 흙을 잃은 허브는 대부분 말라죽었지만, 지극정성으로 돌본 끝에 겨우 두세 뿌리를 살릴 수 있었다. 그때 살려낸 것이 바로 로즈마리와 라벤더였다.

하지만 이것만으로 허브농사를 시작할 수는 없는 노릇이었다. 이상수는 허브를 뿌리 없이 수입해오는 방법을 밤낮없이 고민했다. 그는 이전에 수박종묘를 연구하면서 수많은 접목법을 고안해낸 것처럼, 허브도 뿌리 대신 허브순을 들여오는 방법밖에 없다고 판단했다. 허브순을 섭씨 3도의 냉장 상태로만 들여올 수 있다면 얼마든지 되살릴 자신이 있었다. 냉장고를 이용하면 간단하지만, 국가적인 사업이라면 모를까 한낱 농사꾼의 말만 믿고 도와줄 사람은 없었다.

수억 만 리 타국에서 무슨 수로 허브순을 싱싱한 상태로 들여온단 말인가. 그는 고민에 빠졌다. 한겨울, 때마침 그의 눈에 꽁꽁 언 빨래를 너는 아내의 모습이 들어왔다.

"그래, 바로 저거야!"

이상수는 물에 적신 마 헝겊조각에 어린 식물의 싹을 싸고, 수분이 날아가지 않도록 비닐로 한 번 더 꼼꼼히 쌌다. 이 상태로 이틀 정도는 싱싱하게 유지되었다. 마치 문익점이 붓뚜껑에 목화씨를 숨겨 들여온 것만큼이나 기가 막힌 방법이었다.

이듬해 이상수는 007작전을 방불케 하는 허브순 수입 작전에 돌입했다. 이때부터 허브순은 그의 농장에 하나 둘 건강하게 뿌리를 내리게 되었다. 이상수는 허브라는 또 다른 블루오션의 세계로 들어선 것이다.

스치는 생각을 잡아라!

동양 최대의 규모를 자랑하는 이상수의 허브왕국에 허브식물만 있는 것은 아니다. 국보급 천년송, 15톤 자연석이 빚어낸 고추공룡, 게다가 허브 뿌리로 정화된 물속에는 철갑상어를 비롯한 각종 희귀 물고기들이 뛰어놀고 있다. 아기 반달곰 두 마리는 늘 어리광을 부리며 이상수가 가는 곳을 어디든 따라다닌다.

그는 허브왕국 곳곳을 누비고 다니다가 레스토랑에서 점심을 먹는 연인들 사이에 끼여들기도 한다.

"이런 비극이! 이 사람들 도대체 먹을 줄 모르는군. 그렇게 마구 비비면 허브싹이 다 문드러져 맛도 없고 영양분이 다 파괴된다고!"

그는 남자에게서 젓가락을 뺏어들고 알록달록한 허브 꽃잎을 스테비아로 맛낸 물김치에 담갔다. 허브순 비빔밥을 쓱쓱 비벼놓고 마

지막으로 여자의 얼굴에 연지 곤지 찍듯이 허브 꽃잎을 붙였다.

"자, 신랑! 신부가 예뻐, 안 예뻐? 예쁘면 이 밥 한 숟가락 떠서 신부 입에 넣어줘."

"신부! 아~"

"이게 무슨 맛이야? 허브의 맛, 사랑의 맛이야! 자, 이제 둘이 꼭 껴안고 말해봐. 사랑해~"

두 연인은 시키는 대로 고분고분 닭살 행각을 벌이고, 식탁은 허브 꽃잎보다 더 환한 웃음으로 가득해졌다. 아삭아삭한 허브순과 알록달록한 꽃이 어우러지는 별미! 라벤더 된장국의 구수한 맛과 스테

비아 김칫국의 감칠맛, 여기에 추억까지 곁들여지면 그야말로 입안의 천국이 따로 없다. 이스라엘 대사 이갈 카스피는 이 꽃밥을 맛보기 위해 몇 번이나 이곳을 방문했다. 그는 '천상의 음식'이라는 찬사를 아끼지 않았을 정도다.

꽃밥은 이곳에서만 하루에 수천 그릇씩 팔려나간다. 이상수는 허브종묘를 구하기 위해 유럽을 여행하면서 우연히 이 음식의 아이디어를 얻었다.

테제베를 타고 스위스로 넘어가는데 사람들이 줄을 서서 식사를 하고 있더란다. 바로 콘샐러드였다. 콘샐러드보다 더 좋은 게 없을까 생각하다가 문득 그의 머릿속에 떠오르는 것이 있었다.

'그래, 라이스 샐러드! 한국 사람이 좋아하는 밥에 최고의 식자재인 허브꽃과 허브순을 넣어서 만들면?'

맛은 기가 막혔다. 몸에 좋은 허브로 세계적인 음식을 만들겠다는 발상이 만들어낸 아이디어 식단이었다.

이상수에게는 순간을 놓치지 않는 민첩함이 있다. 순간순간 스치는 아이디어를 그냥 흘려버리지 않고 반드시 사업화시키고 만다. 그건 이상수만이 가지고 있는 장점이다. 세상만물을 허브와 연관시키는 습관으로 그는 꽃밥을 비롯한 각종 아이디어 상품을 세상에 만들어 내놓았다. 그 하나하나에는 그의 아이디어가 고스란히 배어 있다.

이제 허브는 향기만 즐기는 단순한 사업이 아니라, 하나의 문화로 자리를 잡아가고 있다. 그는 허브를 기르고 향기만 맡는 시대는 지났다고 말한다. 그것은 1차 산업이다. 그가 만들어내는 것은 허브를 가공해내는 2차 산업, 허브를 관광상품화하는 3차 산업이다. 더불어 그는 허브 바이오 생명공학 사업, 메디컬 사업, 글로벌 허브아카데미 운영 등 농업과 산업의 시너지가 결합된 6차 산업까지 내다본다. 농업도 마찬가지다. 차원이 다른 새로운 분야를 개척해야 살아남을 수 있다.

식물을 접붙이면 새로운 우수 품종으로 개량되듯이, 아이디어도 축적되면 부가가치가 높은 새로운 분야를 개척할 수 있다. 그는 그러한 사실을 직접 몸으로 보여주는 것이다.

이상수는 요즘 허브농장 근처에 있는 약수터를 종종 찾아간다. 그곳은 지역 특산물인 초정리 광천수가 솟아나온다. 그가 이곳을 찾는 데에는 약수를 마시려는 순수한 의도 외에 또 다른 이유가 있다. 그의 머릿속은 지하 330m에서 끌어올린 광천수와 몸에 좋은 허브를 접목시킬 생각으로 꽉 차 있다. 매일 광천수를 마시고 음미하면서 사업을 구상하는 것이다.

이상수의 사무실에는 세계 각국에서 판매되는 온갖 종류의 생수와 음료 페트병이 널려 있다. 그는 틈만 나면 이것저것 마셔보고 맛을 음미한다. 마치 세상의 모든 생수를 다 마실 듯이 욕심을 낸다. 그는 한번 마음먹은 것을 이뤄내기 위해 끊임없는 노력을 쏟아붓는다. 그와 함께 외국여행을 했던 허브연구가 박윤점 교수는 일본여행에서 있었던 에피소드를 들려주며 혀를 내둘렀다.

"휴게소에서 차를 세우고 모두들 화장실에 들렀죠. 그런데 이분이 갑자기 쓰레기통을 뒤지는 거예요. 그 안의 음료수 병들을 뒤적거리더니 아예 몇 개를 골라 보물단지처럼 싸 가지고 오시더군요.

그때는 왜 저러나 알 수가 없었는데, 알고 보니 일본 사람들이 즐겨 마시는 음료수를 조사하신 모양이에요. 거참, 병도 수집하는 걸 보면 병 디자인까지 신경을 쓰는 것 같아요."

그 후로 정확히 2년 만에 이상수는 세계 최초로 천연허브미네랄워터 8종을 탄생시킨다. 한 병의 음료수가 탄생하기까지는 시장이 3번 바뀐다는 속설이 있을 만큼 부침이 많은 곳이 드링크 시장이다. 하지만 1%의 가능성만 있어도 끝까지 밀어붙이는 두둑한 배짱과 강력한 추진력으로 그는 일사천리로 일을 성사시켜 나간 것이다.

강렬한 에너지를 끝없이 뿜어내는 허브처럼 이상수는 또다시 새로운 일을 계획한다. 허브제품과 허브 서비스를 24시간 제공받을 수 있는 허브 편의점을 전국적인 체인망까지 갖춰 구축할 것이라고 한다. 이번 사업은 그의 20년 허브인생을 총결산하고 앞으로 인생의 가능성을 평가하는 시험무대가 될지도 모른다. 하지만 그는 다가올 변화를 즐기고 있다.

"저는 점박이 디지털리스를 상당히 좋아해요. 허브랜드에는 5월이면 수백 개의 반점을 가지고 있는 세계 최고의 디지털리스 꽃이 피는데, 점의 크기나 모양이 하나도 같지 않죠. 이 식물은 미래에 다가올 변이를 예측하는 게 아닐까요? 변화는 계속 다가오고 있어요! 당신에게도, 저에게도!"

◆ **메모를 하는 이유**

머리를 스치는 생각 중에서 '이건 새로운 경쟁력이 되겠어' '저건 잘만 활용하면 특허감이네' 하는 것은 무조건 적습니다. 휴지든 메모지든 손에 잡히는 대로 써요. 아직까지 메모만 남겨놓고 실행하지 못한 것들이 더 많습니다. 언젠가는 해야 할 일들을 계속 적는 거죠.

◆ **우리 농촌의 미래**

허브생산을 1차 산업, 가공을 2차, 서비스를 3차, 연구개발(R&D)를 4차 산업이라면, 세계와 경쟁할 수 있는 능력을 키우는 것이 바로 5차, 6차 산업입니다. 허브를 심고 가꾸는 것에서 그치지 않고, 점차 영역을 체계적으로 확산시켜가는 것이죠.

다른 농업도 마찬가집니다. 밀려드는 수입농산물에 탄식만 할 게 아니라 위기를 기회로 만들어야 합니다. 이제는 농민들도 세계와 경쟁하려는 기업가 정신을 가져야 합니다. 자신과 가장 가까운 1차 산업인 농업은 물론, 제조업과 서비스업까지 열정적으로 도전해야 합니다.

괴짜,
끼와 열정으로
세상을 지배하라

2부

발끝을 짜릿하게
감싸는 유혹
구두 디자이너 이겸비

새빨간 거짓말 같은 구두

교교히 흐르는 달빛 속 구두의 유혹

나만의 아우라를 만들어라!

구두에 사람들의 이야기를 담아라

| 구두 디자이너 이겹비 |

◆ (주)이신우 입사(91).
◆ 빈치스벤치, 이작 슈즈 담당(98).
◆ (주)쌈지 구두팀장(99).

1990년

1987년
◆ 에스모드 코레 입학.
• 디자이너의 길을 걷기 위해 패션전문학교에 진학.
• 끊임없이 그녀를 따라다니는 구두와의 끈질긴 인연.

10대
• 예쁜 것만 보면 거침없이 오리고, 붙이는 스크랩소녀.

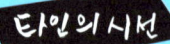

제갈근영
쇼핑몰관계자

이겹비 구두만이 가지고 있는 독특한 느낌이 있어요. 옛날 영화를 보는 것처럼 유머러스하고 감동적이죠. 남성적이고 중성적인 메시지도 담고 있어요. 쏟아지는 구두 속에서 반짝반짝 빛을 발한다고 할까요?

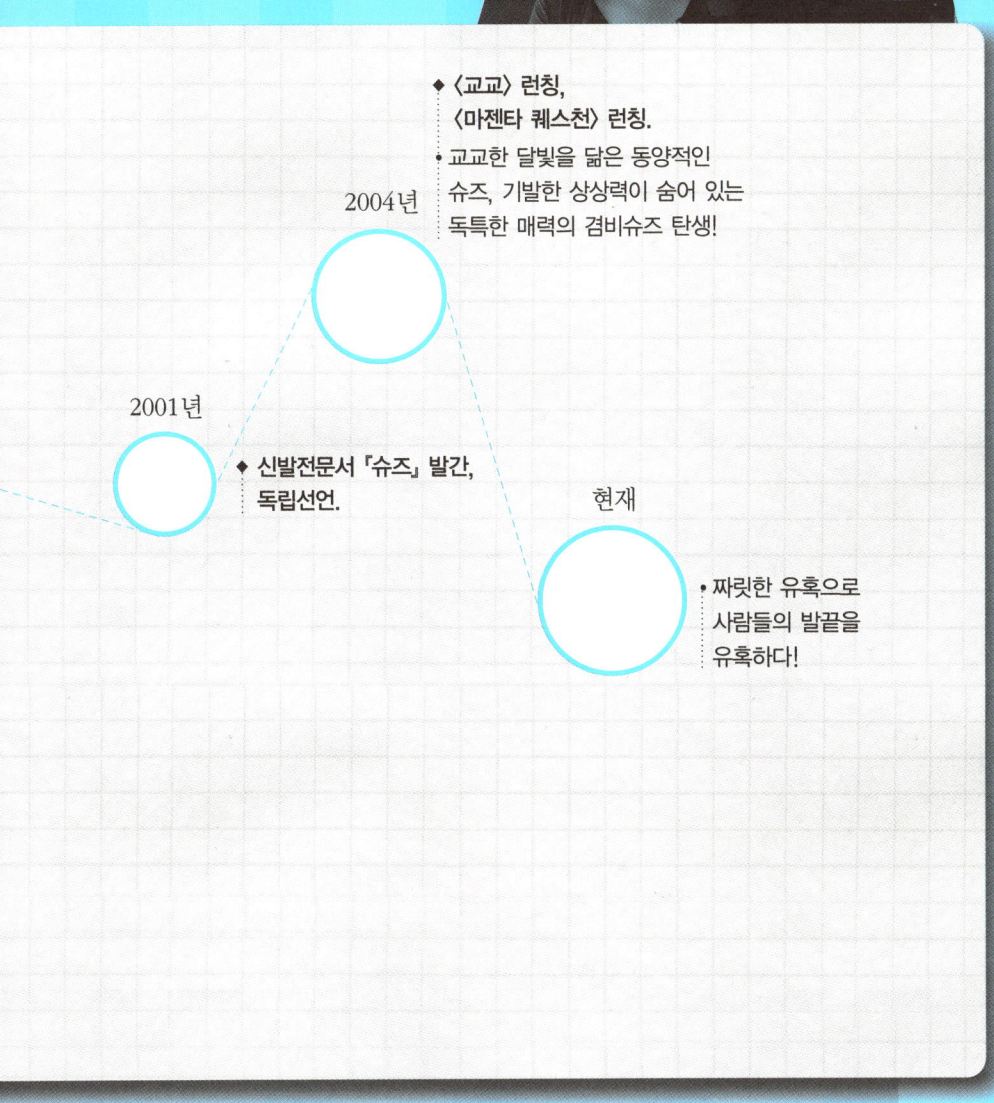

- ◆ 〈교교〉 런칭,
  〈마젠타 퀘스천〉 런칭.
- 교교한 달빛을 닮은 동양적인 슈즈, 기발한 상상력이 숨어 있는 독특한 매력의 겸비슈즈 탄생!

2004년

2001년

- ◆ 신발전문서 『슈즈』 발간, 독립선언.

현재

- 짜릿한 유혹으로 사람들의 발끝을 유혹하다!

진호성
구두공장사장

겸비 씨의 디자인은 신었을 때 스타일이 예쁘고 편해요. 색상의 조화도 뛰어나고 꺼래(신발 밑창)를 간다거나 하는 세심한 연구가 돋보이죠. 무엇보다도 사람들에게 신발이 예쁘다는 평가를 많이 받아요.

새빨간 거짓말 같은 구두

여자가 볕이 잘 드는 베란다에서 무언가에 몰두하고 있다. 한참 고개를 갸우뚱하며 고민을 하다가 옷걸이를 가지고 나온다. 빨래를 널듯 그 무언가를 넌다. 새빨간 빛깔의 구두다.

모빌처럼 흔들리는 구두들은 왠지 모양새도 예사롭지 않다. 어떤 것은 로봇 다리 모양이고, 어떤 것은 칫솔 모양이다. 도대체 이것들을 신을 수 있긴 할까.

실제로 이 구두들은 무게 중심이 잘 잡혀 있어서 충분히 신을 수 있다. 로봇의 두 다리를 굽으로 이용했으니 이보다 튼튼할 수는 없을 것이다. 또 구두의 굽 뒤에 있는 뚜껑을 열면 칫솔로도 쓸 수 있다. 이보다 휴대하기 편리한 칫솔이 있을까.

구두인지 장난감인지 사람들을 혼란스럽게 하는 통에 이 구두 모빌에는 '새빨간 거짓말 같은 구두'라는 이름이 붙었다.

구두만큼이나 그녀의 차림새도 범상치 않다. 쫑긋 솟은 귓바퀴는 외계인과 소통이라도 할 것만 같고, 형형한 눈동자는 예리하면서도 꿈꾸는 듯하다. 형광색 매니큐어로 도드라진 손과 발은 또 어떤가. 직접 만든 푸른 원석의 목걸이와 하늘거리는 꽃 브로치, 초록색 레깅스의 화려한 색감은 평범한 사람이라면 도저히 소화하기 힘든 패션 감각이다.

뿐만이 아니다. 그녀의 작업실에 빼곡히 들어찬 물건들에서는 온통 구두를 소재로 한 장난스러운 발상이 묻어난다. 체스판에 놓인 검정말과 하얀말은 하이힐의 굽을 뒤집어서 조각한 것이고, 식탁엔 구두 모양의 도자기 그릇이 떡하니 놓여 있다. 심지어 화장대의 거울도, 욕실의 욕조도 분홍색 하이힐 모양이다. 마치 작은 구두 박물관에 온 듯하다.

그녀가 만든 '슈즈 우주본'이라는 걸 보자. 신발의 부위별 설명, 신발의 종류, 신발의 발 모양 측면도를 붙여서 신발의 세계를 표현한 것이다. 그것은 실제로 구두를 디자인할 때도 도움이 되지만 밤에는 조명 역할을 톡톡히 한다. 그 안에 전구가 달렸기 때문이다.

사람들의 허를 찌르는 상상력은 그녀가 만든 구두에도 자연스럽게 드러난다. 구두 발등에 와당의 무늬를 살포시 얹은 신발은 동양적인 멋을 풍기는 한편, 걸을 때마다 구두굽에 달린 구슬이 은은한 소리를 낸다. 이 구두의 모티브는 길에서 주웠다. 어느 날 길을 가다 우연히 위를 올려다보는데 그때 시야로 내려온 기와가 너무 아름다웠다. 그녀는 당장 전통기와에서 모티브를 가져와 플랫슈즈를 만들었다. 구두굽의 구슬은 인사동에서 직접 골라왔다.

이처럼 소재가 거리에서 얻은 것이라 구두의 개성이 강한 반면, 거부감은 없다. 그녀의 디자인은 마음을 사로잡는 개성이 물씬 묻어나기도 하지만 구두 본연의 실용성도 잊지 않는다.

"보고, 듣고, 느끼는 체험들을 새로운 아이디어로 바꿔요. 어디선가 본 감각 소스들이 샤워 물줄기처럼 자연스럽게 쏟아질 때가 있죠. 그렇게 감각이 아이디어로 자리바꿈하는 과정들은 정말 즐거워요. 내 머릿속 아이디어를 입고 구두가 세상에 나왔을 때의 느낌은…… 아무도 모르는 나만의 판타지죠."

그녀의 구두에는 원색적인 화려함과 수수함이 묘하게 어우러진다. 누구나 한 번쯤 신어보고 싶은 충동을 불러일으킨다. 세상에 하나밖에 없는 구두로 발끝을 유혹하는 여자. 바로 구두 디자이너 이겸비다.

교교히 흐르는 달빛 속 구두의 유혹

그녀는 13년차 베테랑 구두 디자이너다. 오랫동안 참신하고 기발한 자기만의 세계를 지킬 수 있었던 것은, 그녀가 구두 디자인 작업을 상상력의 유희처럼 즐기기 때문이다. 그녀의 스크랩북은 판도라의 상자처럼 아직 세상에 등장하지 않은 구두들로 가득하다.

SF 여전사를 좋아하는 이겸비에게 마침 SF 영화 〈예스터데이〉 제작팀이 여주인공의 신발을 의뢰했다. 그녀는 엉뚱하게도 캔 뚜껑을 구두굽에 달아서 완성했다. 코엑스에서 디자인 전시회 때는 이 아이디어를 직접 제작해서 출품하기도 했다.

그녀는 지금도 맘에 드는 디자인이 눈에 띄면 꼭 스크랩을 해놓는다. 재미난 스크랩북 만들기는 어린 시절부터 시작된 그녀만의 습관이었다. 어릴 적 꼬마 이겸비는 천과 종이를 만지작거리며 놀았다. 심심풀이로 잡지에 있는 옷이며 신발을 오리고 붙여서 두꺼운 공책을 만들었다. 여러 가지 상품을 종류별로 스크랩해놓고 미스코리아 선발대회 하듯 순위를 매기는 놀이는, 별것 아닌 듯 보여도 그만의 즐거운 놀이 방식이었다.

이런 기질은 자연스레 이어져, 그녀는 패션 전문학교에서 디자이너의 길을 걷게 되었다. 처음부터 구두 디자인을 하려고 마음먹은 것은 아니었지만, 묘하게도 하는 일마다 구두와 인연이 깊었다. 학생시절 인턴사원으로 일할 때도 구두와 액세서리를 담당하는 부서에서 일을 했고, 졸업 작품으로도 신발을 그렸다.

그녀가 본격적으로 구두와 인연을 맺게 된 것은 대학을 졸업하고 입사한 첫 직장에서였다. 토털 액세서리 부서에 근무하면서 구두 디자인을 맡게 되었다. 당시 구두는 패션에서 액세서리 정도로 생각됐을 뿐, 구두 디자이너라는 명칭조차 없었다. 하지만 평범한 것을 거부하는 이겸비는 오히려 남들이 가지 않는 길을 간다는 뿌듯함마저 느꼈다.

그녀는 해외브랜드를 모방하는 당시의 디자인 관행을 따르지 않았다. 오직 자기만의 뚜렷한 콘셉트와 컬러를 가진 구두를 만들기 원했다. 한 유명 액세서리 업체에서는 한국적인 미가 묻어나는 이겸비의 슈즈를 브랜드로 내놓기도 했다. 우리나라에서 디자이너의 이름을 내건 브랜드는 그녀의 것이 처음이었다. 하지만 잘나가던 디자이너로 명성을 얻을 즈음, 이겸비는 돌연 독립을 선언했다.

"브랜드에서 일을 하다 보면 안전지향적인 디자인을 하게 되더군요. 정형화된 디자인이라고 말할 수 있겠죠. 새로운 시도를 한다거나 트렌드에 따라 신속하게 움직이는 일이 쉽지 않은 거예요. 안정

된 직장을 버리고 내 것을 해야겠다는 생각이 들었어요."

갇혀 있던 봇물이 터지듯, 이겸비는 세상을 향해 그녀만의 독특한 상상력을 쏟아내기 시작했다. 원색의 강렬한 컬러에 독특한 구슬과 리본으로 장식한 구두에는 '교교 마젠다 퀘스천'이라는 이름을 붙였다. 중국의 한시와 삼국지 구절에 등장하는 '교교(皎皎)히 흐르는 달빛'이라는 표현에 반해 붙인 것이다.

이겸비는 구두에 대한 독특한 시선으로 세상을 바라보면서도 구두에만 머물지 않았다. 2001년 그녀는 일 년을 꼬박 발로 뛰며 쓴 이미지 북 『슈즈』를 출간했고, 각종 아트 전시회에도 구두를 소재로 한 재기발랄한 작품들을 선보였다. 이런 '한눈팔기'는 그녀가 새로운 영감을 얻는 신선한 자극제가 되었다.

나만의 아우라를 만들어라!

새로운 디자인이 완성되면 이겸비는 성수동의 구두공장으로 향한다. 그녀는 공장에 도착하자마자 스케치를 펴놓고 열심히 설명한다.

"전에 작업할 때 이런 타입 있었죠? 이번에는 갑피가 다르고요, 굽은 통굽으로 살리려고요."

이삼 년간 구두라는 한솥밥을 먹다 보니, 이젠 눈빛만 봐도 서로 느낌이 통한다. 디자인에서 마무리까지 백 퍼센트 수제로 만들어지는 것이라 이겸비의 구두는 무엇보다도 구두 만드는 장인들과의 교감이 중요하다.

디자인을 전달하고 난 뒤에도 그녀는 공장을 뜨지 못한다. 구두코의 모양이나 굽높이 1밀리 차이로도 전혀 다른 느낌의 구두가 만들어지기 때문에 아직 미완성인 구두를 끊임없이 신어보고 착화감을 느껴본다. 모양새만 좋은 구두는 그야말로 그림의 떡과 다름없다는 걸, 그녀는 안다.

그런가 하면 공장에서 멀쩡한 원단 조각들을 잘라 모으기도 한다. 까래(신발 밑창)에 사용할 원단을 대보려는 거다. 좋은 구두는 겉과 속이 모두 조화를 이뤄야 한다. 더구나 직접 사람의 발과 닿는 부분은 소재와 색상까지 세세히 살펴야 한다. 오린 깔창을 이리 보고 저리 보고, 대보고 재보고……. 그녀의 머릿속에는 너무 많은 가능성이 있기에 뭐든 선택을 하는 순간이 쉽지 않다.

하나의 구두가 완성되기까지는 무려 아흔아홉 번의 공정을 거쳐야 한다고 한다. 구두 디자이너는 단지 디자인만 하는 것이 아니라 세부적인 공정까지 지켜보고 챙겨야 한다. 따라서 하나의 구두가 완성되는 과정은 그녀에게 끊임없는 기다림의 연속이다. 물론 이겸비에게는 그것마저도 즐거움과 설렘으로 가득한 시간들이다.

그녀는 항상 긴장감을 안고 산다. 구두가 만들어져 나오고 사람들의 발을 받아들일 때까지, 늘 시험받는 느낌이 들 수밖에 없다. 하지만 그녀의 구두는 디자인뿐 아니라 기능에서도 결코 빈틈이 없다. 구두 제작의 전 과정을 꼼꼼히 지켜보고 자신이 원하는 것을 정확히 요구하는 그녀의 열성 때문이다.

새 구두가 세상에 나오는 날, 이겸비는 다시 구두공장을 찾았다.

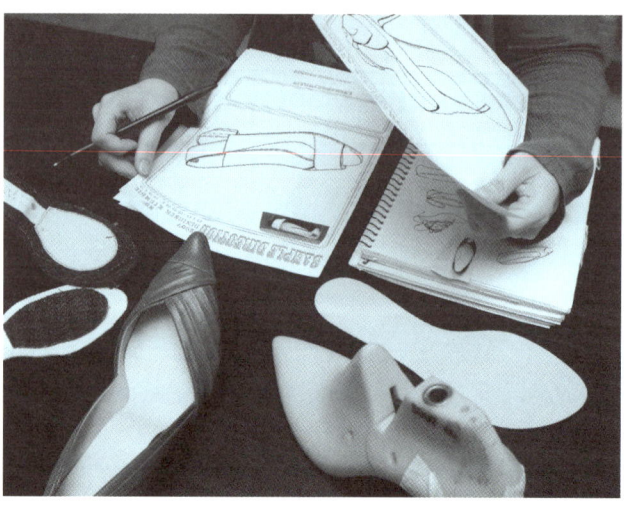

진열장에는 반짝반짝 빛나는 구두들이 그녀를 기다리고 있었다. 그 동안의 노고에 대한 값진 열매들이다. 새 구두가 마음에 드는지 이겸비의 얼굴이 환해졌다.

"어머, 너무 예쁘게 잘 나왔어요. 이게 다른 사람들한테도 예쁘게 보여야 할 텐데. 효자 상품이 될 수 있겠죠? 그죠, 사장님!"

이번에는 완성된 구두를 들고 한 쇼핑몰의 사진촬영장으로 달려갔다. 여기서도 가장 바쁜 사람은 이겸비다. 포장을 풀고 신발을 정리한 후, 사진작가와 촬영 콘셉트에 대해 이야기를 나눈다 싶더니 어느새 모델의 다리에 화장을 하고 있다.

"어제 다리 마사지 했어? 이렇게 반짝이는 파우더를 바르면 샌들하고 더 잘 어울릴 것 같아. 아, 예쁘다!"

하지만 이날 촬영은 초반부터 순조롭지가 못했다. 구두 촬영에 초보 모델이라 좀처럼 원하는 포즈가 나오지 않았다. 짜증이 날 법도 하지만 이겸비는 부러 어색한 촬영장 분위기를 띄우느라 열심이었다.

다행히 촬영은 곧 리듬을 타기 시작했다. 이겸비의 구두도 카메라 앞에서 당당하고 멋진 제 모습을 찾았다. 시시각각 보는 각도에 따라 다른 느낌이 나는 작업이라서 사진작가에게도 구두 사진촬영은 어렵고도 매력적인 작업이다.

"구두의 선이라고 하죠? 선이 예쁜 구두가 신어서도 예쁘거든요. 겸비 씨의 구두는 다른 제품들보다 유난히 라인이 예쁘죠."

이겸비는 사진작가 옆에 바싹 붙어 앉아 수첩을 꺼내들었다. 촬영할 때 조명이나 자세에 따른 구두의 작은 변화도 놓치지 않고 기록한다. 그녀가 이렇게 촬영까지도 세세히 신경을 쓰는 이유는 겸비표 슈즈의 마니아들이 인터넷을 통해 그녀의 구두를 접하기 때문이다. 한 유명 쇼핑몰에서는 아예 이겸비의 슈즈만을 모아놓은 코너까지 마련할 정도로 젊은 층에서 큰 호응을 얻고 있다.

구두에 사람들의 이야기를 담아라

구두 디자인은 보통 혼자 하는 작업이지만, 이겸비는 유난히 사람 만나는 걸 좋아한다. 가까운 사람들과의 작은 파티를 자주 마련하는 파티 마니아이기도 하다.

이겸비가 준비하는 별난 파티. 그녀의 머릿속은 파티용품 전문상가를 둘러보며 사람들을 깜짝 놀라게 할 아이디어를 궁리하느라 바쁘다. 이번 파티장소로 택한 곳은, 자신이 작업을 하는 구두공장이다. 공장을 파티장으로 만들겠다는 발칙한 상상을 이겸비 말고 누가 할 수 있을까. 자기 일터에서 파티를 연다는 발상은 자기 일을 사랑하는 사람만이 할 수 있을 터. 과연 삭막한 작업도구들과 공구들, 지저분한 원단들이 나뒹구는 구두공장을 파티장소로 만들 수 있을까.

이날 파티의 콘셉트는 'FUN'이다. 거기에 어쩌면 약간의 귀여운 괴기스러움이 번득일지도. 이겸비는 간단한 파티용품 몇 점과 색종이를 들고 분주히 움직인다. 창백한 형광등을 셀로판지로 감싸서 색색의 빛을 발하는 등으로 바꾸고, 여기저기 보기 흉한 곳에는 해골 모양의 종이 장식으로 꾸민다.

 초대받은 손님들이 속속 도착하고, 드디어 이겸비의 구두공장 파티 오픈 팩토리가 시작되었다. 손님들의 면면도 다양하다. 구두 디자이너에서 패션잡지 기자, 스타일리스트, 혹은 그냥 동네친구……. 그들은 이런 파티를 한다는 것만으로도 재미있고 신기할 따름이다.

 "공장이랑 파티가 전혀 어울리지 않을 것 같았는데, 오히려 근사한걸요. 굉장히 화려한 분위기의 조명이 있는 곳이라면 되려 재미가 없었을 것 같아요. 역시 겸비 씨 다운 파티예요."

 "이럴 줄 알았어요. 느닷없이 사람을 불러내서 이렇게 놀라게 하는 건 겸비의 취미죠. 즉흥적으로 뭐든 재밌게 만든다니까요."

 그녀는 구두를 만들 때처럼 일상 속에서도 새로운 즐거움을 이끌어내는 재주를 지녔다. 파티장을 오가던 그녀는 손님들 중에서 그날의 베스트 구두를 뽑았다. 그녀가 선택한 최고의 구두는, 교통사고로 한쪽 발은 깁스를 하고 한쪽 발에만 신은 빨간 구두다.

 "우리 파티의 콘셉트가 바로 엽기, 괴기잖아요. 여기에 딱 맞춰서 온 것 같지 않나요? 정말 대단한 구두예요."

 파티장 한편에선 구두에 대한 즉석토론이 펼쳐졌다. 막힘이 없는 자연스런 대화는 그녀에게 신선한 자극이 되는 한편, 사람들도 그녀를 통해 새로운 자극을 얻는다.

 사람마다 표정이 다르듯 신발은 제각각 아기자기한 삶의 이야기를 지닌다. 그녀가 이런 파티를 여는 것도 구두를 통해 사람들과 소통하고, 그들의 이야기를 구두에 불어넣기 위해서다.

 요즘 그녀는 작업실을 새로 꾸미고, 일 주일에 한 번 후배들을 위한 구두 강좌를 연다. 말이 구두 강좌지, 분위기는 구두를 좋아하는 사람들이 모여 수다를 떠는 시간처럼 보인다. 최근에는 '슈 홀릭'이라는 말이 생길 정도로 신발이 패션 아이콘으로 부각되면서, 구두 디자이너를 꿈꾸는 후배들이 많아졌다. 그녀도 스스로 헤쳐 나가야 했던 시절이 있기에, 후배들의 이런 갈증을 풀어주고 싶은 마음이 크다.

그녀에게 가장 행복한 일은, 구두를 통해 사람을 만나는 것이다. 사람과 사람을 만나게 해주는 구두. 이겸비는 구두를 통해 사람을 만나고 사람을 통해 구두를 만난다. 그래서 그녀의 구두에는 늘 사람 사는 이야기가 담긴다.

그녀가 만드는 새로운 구두는 또 어떤 삶의 이야기를 담아낼까. 분홍신보다 강렬한 유혹으로 사람들에게 행복을 안겨줄, 그녀의 새 구두가 기다려진다.

"구두를 만드는 건 '유혹을 하고 또 유혹을 당하는' 작업이에요. 제가 지금 만들고 싶은 구두는요, 미국 드라마 〈섹스 앤 더 시티〉의 여주인공 캐리처럼 사랑을 알고 멋을 아는 여자의 마음을 확 사로잡는 구두예요."

◆ **구두의 매력**

구두는 '유혹을 담는 스푼'이에요. 내가 디자인한 구두가 사람을 유혹하고 그 사람이 신은 구두가 또 다른 사람을 유혹하게 되니까요.

구두 디자이너에게 구두는 패셔너블함을 표현하는 매개체예요. 그런 점에서 구두는 많은 걸 표현할 수 있는 입체적인 캔버스라고 해야 할까요. 구두의 모양은 여성의 몸매 라인을 닮아서 상당히 입체감 있게 표현할 수 있어요.

◆ **겸비슈즈만의 키워드**

제 디자인의 키워드는 '전통' '미래주의' '스포티함', 이 세 단어로 정리될 수 있어요. 한국 고유 문양의 오리엔탈 분위기와 스포츠용품이나 기계 부속품 등에서 따온 요소를 결합하는 믹스 앤 매치를 즐겨 사용합니다.

◆ **내가 만들고 싶은 구두**

과감하고 색다르고 도발적이지만 전혀 부담스럽지 않고 즐겁게 와 닿는 디자인을 하고 싶어요. 사람의 마음을 확 사로잡는 매력을 가졌으면서도 너무 복잡하지 않은 디자인이 되도록 많이 노력하죠.

백만장자가 된 바텐더

바텐더 박재우

제6의 감각을 가진 사나이

어부사시사와 칵테일

백만장자가 된 바텐더

잘 놀면 돈이 보인다!

| 바텐더 박재우 |

1990년
◆ 서울 변두리 다방에서 바텐더 입문.
• 패밀리 레스토랑 TGI프라이데이 입사.

1988년
• 대학진학을 포기하고 바텐더가 되기로 결심!

10대
• 손재주는 좋았지만, 늘 혼자 놀기 좋아하던 내성적인 소년.

술이라고 다 같은 술이 아니지. 잠이 오게 하는 술, 잠을 깨우는 술, 고독할 때나 즐거울 때, 슬플 때 마시는 술……. 그런데 술의 다양한 모습을 한꺼번에 표현해 내는 술이 있어. 그게 바로 칵테일이지.

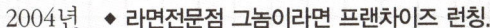

2004년 ◆ 라면전문점 그놈이라면 프랜차이즈 런칭.

1997년
◆ 런던비피터 세계 바텐더 챔피언십 1위 입상.
◆ (주)파티를 만드는 사람들 설립.

2006년
◆ 코리아다트패밀리 대회 개최.
◆ '놀고 즐기는' 문화를 위한 다양한 사업들로 자신만의 영역을 개척하고 있는 중!

지금은 잘 노는 사람이 성공하는 시대입니다. 단지 일을 잘 해서는 성공할 수 없습니다. 자신의 일을 즐길 수 있는 사람, 제대로 놀 줄 아는 사람이 성공할 수 있습니다. 저는 사람들이 제대로 놀 수 있는 문화, 즐길 수 있는 문화를 만들고 싶습니다.

제6의 감각을 가진 사나이

도시의 하루가 저무는 시간.

콧수염에 힙합 청바지, 밀리터리 룩 점퍼를 걸쳐 입은 삼십대 중반의 사내가 밤거리를 어슬렁거린다. 그는 술집으로 들어가 어둑한 구석에 자리를 잡았다.

곧 파티가 시작되었다. 종소리가 울리고, 바텐더들의 화려한 칵테일 쇼가 펼쳐졌다. 사람들은 하루의 스트레스를 모두 날려버리기라도 하듯 무대를 향해 환호와 박수를 쏟아놓았다. 분위기가 무르익을 즈음, 느닷없이 한 여자 바텐더가 다 찌그러진 양은냄비에 미역국을 들고 나온다.

"바텐더 배사가 배타고 나가서 미역을 따왔습니다. 오늘 서른다섯 번째 생일을 맞은 주인공, 바텐더계의 신화 카스를 소개합니다!"

소개된 사람은 뜻밖에도 조금 전 콧수염의 사내다. 무대에 오른 모습은 사뭇 달라 보였다. 어두운 얼굴에 미소가 번지더니 벽에 진열된 수십 개의 술병들 중에서 보지도 않고 몇 개를 뽑아들었다. 그가 칵테일을 만들기 시작했다. 왼손에는 셰이커, 오른손에는 술병을 잡고 높이와 간격을 조절하며 리드미컬하게 따라냈다. 그의 손놀림은 마치 퍼포먼스를 보는 듯하다. 춤을 추듯 날렵한 동작을 이어가던 그가 마지막으로 칵테일의 이름을 외쳤다.

"블루스카이!"

투명한 잔 한가운데 펼쳐진 파란 하늘. 그 위에 둥둥 떠 있는 뭉게구름.

이번에는 그가 술잔에 불을 붙였다. 푸른 불꽃이 푸르르 지나간 자리에 무지개가 떴다. 일곱 색깔의 술들이 서로 섞이지도 않고, 무지개를 자아냈다. 칵테일의 이름은 세븐 레이어, 일명 레인보우 칵테일이다.

마치 칵테일 한 잔에 세상의 모든 것을 다 담아낼 것 같은 신의 손. 그는 이것을 바텐더들만이 가진 제6의 감각이라고 말한다.

"바텐더들이 수십 년간 쓰는 단어 중에 플레어라는 것이 있습니다. 플레어는 '제6의 감각, 재주, 재능'이라는 뜻이죠. 일반 사람들이 찾아내지 못하는 감각들을 충족시켜주는 것이 바로 바텐더의 몫입니다. 플레어의 시작은 미소입니다. 바텐더들이 고객을 많이 접할수록 플레어 스킬이 향상되죠."

바텐더 카스는 분위기를 띄우고는 다시 밤거리로 나섰다. 세 군데 매장을 더 돌아야 했다. 그는 술집마다 분위기를 띄우러 다니는 바람잡이 바텐더로 보이기도 하지만, 사실 15개의 칵테일 전문점과 11개의 라면 전문점을 운영하는 기업의 최고경영자다. 이렇게 바쁘게 돌아다녀도 자기 매장을 다 도는 데만 꼬박 한 달이 걸린다.

바텐더가 된 지 18년째. 그가 열아홉 살에는 서울 변두리 다방에서 쌍화차를 타던 소년에 불과했다. 하지만 이제는 연간 80억의 매출을 올리는 탄탄한 기업의 CEO, 바텐더들의 신화가 되었다.

그의 지난 세월은 그리 녹록치 않았다. 달콤하면서도 쌉싸름한 맛을 내는 칵테일을 닮았다고도 말할 수 있겠다.

어부사시사와 칵테일

학창시절 박재우는 부모 속깨나 썩이는 문제아였다. 친구 좋아하고 놀기 좋아하는 그는, 툭하면 가출을 일삼았다. 도무지 공부에는 관심이 없어서 수업시간에도 수업내용보다는 선생님이 하는 농담을 받아 적으며 공상을 하는 일이 많았다.

어느 날 그는 인생을 바꿀 만큼 귀가 번쩍 틔는 이야기를 들었다. 나른한 5교시 수업, 윤선도의 어부사시사를 읊던 국어선생님이 아이들의 졸음을 깨울 요량으로 재미있는 술 이야기를 시작했다.

"취하야 누엇다가 여흘아릭 느리거다. 고산 윤선도는 어부사시사에서 술과 함께 어우러지는 춘흥을 잘 표현하고 있다. 술이라고 다 같은 술이 아니지. 잠이 오게 하는 술, 잠을 깨우는 술, 고독할 때 마시는 술, 즐거울 때 마시는 술, 여자를 유혹할 때 마시는 술이 따로 있거든. 술의 여러 가지 얼굴을 표현해내는 술이 있지. 그건 바로 색과 향이 다채로운 칵테일이야."

'어? 그런 술도 있어?'

박재우는 그 길로 서점에 달려갔다. 요리 책에는 한두 가지 칵테일이 고작이었다. 그는 궁금증을 참을 수 없어 대형서점 구석구석을 뒤졌다. 어렵사리 두꺼운 외국 원서 한 권을 발견하고 훑어보았다.

내용을 정확히 알 수는 없었지만, 눈앞에 보이지 않는 또 하나의 세계가 놓여 있는 듯한 느낌에 휩싸였다.

'이렇게 아름다운 술을 마시면 사람들도 멋지게 취할 수 있겠구나. 이런 술을 만드는 사람이 되고 싶다.'

칵테일과의 운명적인 만남은 그의 인생을 완전히 바꾸어놓았다. 다른 친구들은 대학진학 준비에 여념이 없었지만, 그의 머릿속에는 오직 칵테일을 배우겠다는 생각밖에 없었다.

하지만 그때만 해도 국내에는 칵테일이라는 술 이름조차 아는 사람이 거의 없을 정도라, 바텐더를 양성하는 학원도 있을 리 없었다. 요리학원에서 교양과목 수준으로 가르쳐주는 한 달 반 코스의 칵테일 수업을 마치고, 그는 학원에서 추천한 레스토랑에 취직을 했다.

'드디어 꿈에 그리던 바텐더가 되었구나. 멋진 칵테일 쇼를 보여주는 인기 바텐더가 되리라!'

그는 감격에 겨워 잠도 오지 않았다. 영화 〈칵테일〉에 나오는 톰 크루즈처럼 멋지게 해내고 싶었다. 박재우는 흰 와이셔츠에 나비넥타이를 매고, 번쩍번쩍 광을 낸 구두를 신었다. 바텐더답게 머리에는 포마드 기름까지 바르고 출근했다.

하지만 첫날부터 꿈은 산산이 부서지고 말았다. 아침 8시 반에 출근해서 저녁 11시 반까지 그는 주전자에 물을 끓여, 오백 잔이 넘는 커피와 쌍화차, 칡차를 타 날랐다. 어쩌다가 쌍화차의 노른자가 터지면 주인에게 꿀밤을 맞기 일쑤였다.

"쌍화차의 생명은 노른자야. 이렇게 노른자를 터트리면 어떡해? 여기는 잣도 빠졌네!"

메뉴에는 칵테일이 세 종류나 있었지만, 주문하는 사람은 한 사람도 없었다. 그는 손님이라곤 구경도 할 수 없는 구석진 주방 한귀퉁이에서 하루 종일 계란노른자와 씨름을 했다. 아침에 다려 입은 옷은 잔뜩 구겨지고, 옷만큼이나 자존심도 구겨졌다. 간판만 레스토랑이었지, 변두리 다방과 다름없었던 것이다.

다른 레스토랑으로 옮겼지만 그곳도 마찬가지였다. 심지어 그 다음 찾아간 호텔의 퍼브 레스토랑에서도 사정은 다르지 않았다. 하루 종일 맥주 박스를 나르고, 잔설거지를 하는 것이 주요일과였다. 그나마 심야영업 단속이 시작되면서 그는 감원당하고 말았다. 어려운 고비가 수시로 찾아들었지만 그럴 때마다 박재우의 마음속에는 오기가 발동했다.

'지금은 사람들이 잘 몰라서 그렇지, 언젠가는 내가 원하던 바텐더의 무대가 열릴 거야.'

그의 기대는 마침내 현실로 나타나기 시작했다. 1992년 외국의 유명 외식업체인 TGI FRIDAY'S가 국내에 들어오면서 드디어 꿈에도 그리던 바텐더의 무대가 펼쳐졌다. 박재우는 먼저 자신의 닉네임을 카스로 정하고- 그의 성은 박. 그리스로마신화의 주신 박카스와 동명이인이 아닌가!- 오랫동안 머릿속으로 수없이 만들어왔던 자신만의 칵테일과 쇼를 선보이기 시작했다. 박재우는 손님들에게 인기가 좋았고, 외국인 매니저들도 그를 만족스러워했다.

그의 꿈은 점점 커졌다. 작은 주점의 바텐더보다 이왕이면 세계 최고의 바텐더가 되고 싶었다. 당시 그가 몸담고 있던 외식업체는 전 세계에 체인점을 운영하고 있었고, 매년 세계 각국의 바텐더들이 기술을 겨루는 세계 바텐더 대회를 개최했다. 대회에 출전하기 위해서는 400가지가 넘는 칵테일 레시피를 모두 외우고, 제한시간 내에 만들어야 했다. 박재우는 마침내 혼자만의 훈련에 돌입했다.

모두가 퇴근한 새벽 두 시. 그는 문을 닫아걸고 바에서 칵테일 쇼를 혼자 연습했다. 집에 돌아와서도 밤새도록 연습을 하다 스티로폼 위에서 잠드는 일이 많았다. 병이 벽에 부딪혀 깨지는 일이 많아서 그의 자취방은 온통 스티로폼으로 돼 있었던 것이다.

박재우는 94년 아시아 대표로 런던 세계 바텐더 챔피언십에 출전했다. 결과는 3위. 칵테일 레시피를 모조리 외웠지만, 말이 통하지 않았던 탓에 경기방식을 잘못 이해했던 것이다. 세계 바텐더 킹의 자리에 오르는 것은 생각보다 만만치 않았다. 그저 병을 돌리고 칵테일을 만든다고 해서 되는 일이 아니었다. 문제는 칵테일 레시피에도 없는 자신만의 창의적인 칵테일을 만들어내야 했다.

'세상에 하나밖에 없는 나만의 칵테일? 어떤 걸 만들어서 사람들을 놀라게 할까?'

고민에 빠져 창밖을 바라보던 그의 눈에 파란 하늘과 뭉게구름이 들어왔다. 그걸 칵테일로 만들 수 있을까. 먼저 오렌지 껍질로 만든 트리플 색 위에 보드카를 쌓았다. 둘 다 투명해서 육안으로는 구별이 안 되지만, 당도가 달라 층이 생기게 된다. 거기에 중간 정도의 당도를 지닌 파란 술을 떨어뜨리면 파란하늘 같은 층이 드리워진다. 이번엔 구름 효과를 어떻게 낸다? 파란 술과 비슷한 무게감을 지닌 흰색의 베일리스를 살짝 떨어뜨렸다. 됐다! 파란 하늘 위에 둥실, 뭉게구름이 떠올랐다.

박재우는 피나는 노력으로 감각을 단련했고, 자신만의 창조적인 칵테일을 무기로 만들었다. 드디어 두 번째 출전한 97년 대회에서는 세계챔피언, 바텐더 킹의 자리에 올랐다. 전 세계 언론이 그를 취재하기 위해 몰려들었다. 당시 대회가 열렸던 영국의 BBC방송은 그의 우승소식을 톱뉴스로 방영했다.
　"바텐더의 불모지인 아시아, 그것도 코리아에서 챔피언이 나왔다. 미국과 영국은 긴장하라!"

백만장자가 된 바텐더

　그는 금의환향하는 마음으로 한국으로 돌아왔지만 그를 취재하는 한국 언론은 단 한 군데도 없었다. 하지만 세계대회 챔피언이라는 타이틀은 명예와 함께 새로운 기회를 열어주었다.
　당시 칵테일을 찾는 사람들은 늘어났지만, 칵테일 바들은 마구잡이식 경영으로 적자를 면치 못했다. 사장들은 바텐더들의 월급을 미루기가 일쑤였고, 바의 인테리어는 칵테일 쇼의 분위기와 특성을 전혀 살리지 못했다.
　'바텐더들이 직접 바를 운영하면 어떨까?'
　박재우는 동료 바텐더 9명과 함께 십시일반으로 자금을 끌어 모아 자신이 위탁경영하던 칵테일 전문점의 프랜차이즈 운영권을 인수했다.
　우선 매장의 분위기부터 확 바꾸었다. 남다른 손재주를 가지고 있던 그는 직접 매장의 도면을 그렸고, 바텐더들의 모습을 캐릭터 인형으로 만들어 매장마다 전시했다. 달라진 분위기와 서비스 덕분에 그의 매장은 급속도로 성장가도에 올랐다. 30개가 넘는 직영점과 체인점을 거느리게 되었고, 연 매출은 백억대를 육박했다. 1년 만에 투자비를 모두 회수하고, 이를 계기로 전국에 유사한 칵테일 바가 1,500개나 생길 만큼 칵테일 붐이 일어났다. 초봉 18만 원을 받던 바텐더가 자본금 14억 원 규모의 억대 연봉 사장으로 인생역전을 이뤄낸 것이다.

사업이 탄탄대로를 달리는 한편, 박재우의 머릿속에는 또 다른 일이 진행되었다. 그는 칵테일에 들어가는 과일을 의인화한 판타지를 책으로 펴냈다. 제목은 『스토바나』. 책은 출간과 동시에 아동도서 베스트셀러가 되었다. 박재우는 이 이야기를 토대로 무알콜 주점을 런칭하면서 사업을 확장할 계획을 세우게 되었다.

그때 한 애니메이션 제작자가 찾아왔다. 스토바나를 TV 애니메이션으로 만들어 칵테일의 본고장인 미국과 영국에 방영하고 싶다고 했다. 하지만 애니메이션 제작은 차일피일 미뤄졌고, 무알콜 주점 런칭 시점도 늦춰졌다. 박재우는 사업에서 가장 중요한 타이밍을 놓치고 말았다. 뒤늦게 무알콜 주점을 창업했지만, 그때는 이미 다른 과일전문점들이 발빠르게 시장을 선점한 후였다. 결과는 참담한 실패였다.

그 대가는 엄청났다. 금액으로는 4억 정도의 손해에 불과했지만, 회사를 함께 창립했던 동료 바텐더들이 한꺼번에 회사를 빠져나갔다. 창립멤버 아홉 명 중 단 한 명의 동료만이 그의 곁에 남았다. 그와 결별한 동료들은 매장 근처에 비슷한 칵테일 바를 열어 영업을 시작했다. 돈 잃고, 사람 잃고, 경쟁력마저 잃고 말았다.

　실패는 시련을 몰고 오지만, 반면 소중한 교훈을 남긴다. 박재우는 실패를 통해 사업의 시기와 의사결정의 중요성을 뼈저리게 깨달았다. 일단 서른 개가 넘는 매장을 반으로 줄이고, 내실을 기했다. 공동경영을 하던 우두머리 바텐더들이 회사를 빠져나가면서 오히려 현장에서 직접 뛰는 현업 바텐더들과의 벽이 허물어졌다. 박재우는 바텐더들과 직접 만나 같이 일하고 그들의 이야기에 귀를 기울였다. 실패를 통해 사람을 잃었지만, 또 다른 사람들을 더 많이 얻게 된 것이다.

　바텐더들과의 접촉이 잦아지면서 새로운 사업 아이디어도 자연스럽게 얻었다. 새벽 무렵 주점의 단골손님들이 출출해지면 바텐더들이 해장라면을 서비스로 끓여냈는데, 해물과 콩나물이 가득 들어가는 이 라면이 의외로 손님들에게 인기만점이었다.

　"그놈, 라면 참 잘 끓인단 말이야."

　손님이 던진 한 마디에 퍼뜩 떠오른 것이 바로 라면사업 '그놈이라면'이다. 남자바텐더들이 끓이는 얼큰한 해장라면을 사업 아이템으로 한다면 허를 찌르는 일일지 모른다. 더구나 밤에 하는 일이라 이직율이 높은 바텐더들에게 낮에 일할 수 있는 새로운 일자리를 마련해줄 수 있으니 그야말로 일석이조의 사업 아이템이었다.

　박재우는 라면 잘 끓이는 바텐더 10명을 뽑아, 대성리로 3박 4일 MT를 갔다. 라면 50박스와 야채, 해물, 고기를 싸들고 가서 라면만 끓여 먹으며 메뉴를 개발했다. 이것저것 들어가니까 잡놈, 꽃게를 넣은 게놈, 무섭게 매워서 매서운 놈, 짜장이 들어가니 떼놈-이건 나중에 화교를 비하하는 듯한 느낌이 들어 시커먼 놈으로 이름을 바꿨다-보기만 해도 웃음이 나오는 기발한 라면 이름도 여기서 나왔다.

사람들의 입맛과 재미를 한 번에 사로잡은 그의 라면전문점은 이미 전국에 11개 매장을 열었고, 각 매장당 월 매출 천만 원에서 천오백만 원의 높은 수익을 올리고 있다.

잘 놀면 돈이 보인다!

새벽 3시 강남의 한 술집. 영업이 끝난 시간에 사람들이 몰려들었다. 안으로 들어가려던 네 명의 젊은이가 입고 있던 노란 티셔츠를 자랑한다.

"앞, 9, 正, ▪"

노란 티셔츠에 새겨진 알 수 없는 문자를 조합해보니, 압구정점이라는 뜻이다. 톡톡 튀는 개성으로 무장한 재기발랄한 젊은이들은, 바로 박재우가 운영하는 15개 매장의 전문 바텐더들이다.

잠시 후 무려 백여 명이 넘는 바텐더들이 한자리에 모였다. 이 날은 생일을 맞은 동료와 선후배들을 위해 파티가 열렸다. 박재우가 일어나 일장연설을 했다. 수많은 바텐더들 앞에 선 모습은 지금까지의 부드러운 이미지와 조금 다르다.

" '나는 일을 잘해요'라는 말을 선택할 것이냐, 아니면 '나는 잘 놀아요'라는 말을 선택할 것이냐. 우리는 무엇을 선택해야 할까요?

그래요, '잘 놀아요.' 제가 제안하건데 우리는 최고의 놀이꾼에게 최고의 대우를 해줄 거예요. 이제까지 이 정의를 내리기 위해 나는 너무 많이 돌아왔어요. 이대로 한 번 해보자고요. 재밌고, 신나게, 놀자, 놀자, 놀자……."

신나게 놀자는 구호와 함께 파티장은 곧 각 매장별 바텐더들이 준비한 퍼포먼스의 경연장이 되었다. 바텐더들은 그동안 숨겨온 자신들의 끼와 재능을 마음껏 발휘했다. 이 많은 바텐더들을 한자리에 모으는 것은 쉽지 않은 일이지만 박재우는 매달 한 번 정기적인 파티를 고집한다.

"이 자리는 한 달을 살아가는 양식 같은 자립니다. 고객을 끌어들일 수 있는 새로운 쇼와 이벤트에 대한 아이디어를 즐겁게 공유하고 검증하는 자리인 셈이죠. 물론 팀워크를 다지는 건 덤이고요."

바텐더라는 직업이 화려해 보일지 몰라도 그들은 늘 남을 즐겁게 해줘야 하는 부담을 안고 있다. 바텐더가 즐거워야 손님도 즐겁게 할 수 있다는 것이 박재우의 생각이다. 그가 바텐더로 성공할 수 있었던 것은 손님들과 함께 즐길 수 있는 색다른 이벤트를 늘 고안해내고 그들을 감동시키기 위한 노력을 했기 때문이다.

"손님들끼리 이벤트나 놀이를 하기는 힘드니까 우리가 멍석을 깔아주는 거죠. 그러면 다음에 새로운 사람들을 데리고 올 수 있는 동기 부여도 될 테고요."

박재우의 칵테일 전문점에서 익숙하게 볼 수 있는 것이 또 있다. 바로 바 한편에서 다트게임을 즐기는 사람들이다. 그는 이미 서양에서는 물론이고 홍콩과 일본에서도 전문 스포츠가 되고 있는 다트게임을 사업 아이템으로 잡았다.

그는 2006년 5월부터 매달 한 번 초등학교 체육관을 빌려 코리아다트패밀리(CDF) 대회를 개최한다. 우리나라 최초의 다트대회인 셈이다. 회를 거듭할수록 다트마니아들이 늘어나면서 이제는 수백 명이 참가하는 대규모 축제가 되고 있다. 한 번 행사하는 데 드는 비용도 만만치 않다.

"당장은 적자를 면치 못하겠지만, 장기적으로 두 가지 측면을 보고 있습니다. 하나는 이것이 동기부여가 되어 다트 붐을 일으키는 것이고, 다른 하나는 매장의 매출에 도움을 줄 수 있다는 것이죠."

박재우는 마시고 취하는 음주문화가 아니라, 제대로 즐기는 놀이문화를 만들기 원한다. 그는 늘 '먹고, 마시고, 노는' 사업을 찾아 나선다. 제대로 즐길 놀이문화가 없는 현실에서 잘 놀 수 있는 사업이야말로 블루오션이 될 것이 분명하다.

앞으로 그가 놀고 즐기면서 이루고 싶은 목표는 어떤 것일까?

"문화부장관이 되려고요. 뜬금없는 꿈 같죠? 인생을 즐겁게 사는 데 필요한 문화콘텐츠를 계속 개발하고 있으니, 못 이룰 꿈도 아니잖아요? 하하하."

인간의 감각에 제6의 감각을 더해 만들어진다는 칵테일. 그의 인생이야말로 오묘한 맛을 내는 칵테일이 아닐까. 그가 앞으로 만들어갈 인생의 칵테일은 어떤 맛일지 궁금하지 않은가.

◆ **칵테일이란?**
종합예술이라고 생각해요. 바(BAR)라는 무대에서 고객은 주인공, 바텐더는 감독이 됩니다. 바텐더가 새로운 칵테일로 고객이 바에 머무는 시간 내내 즐거움을 선사하는 종합예술인 거죠.

◆ **바텐더의 자질**
더 플레어라고 불리는 제6의 감각이 필요합니다. 더 플레어의 사전적인 의미는 재주, 재능, 다시 말해 후천적인 노력에 의해서 길들여지는 기술이죠. 병만 돌리는 게 아니고, 말 그대로 오감을 통해서 6감을 만들어내는 거예요. 즐거움을 만든다는 점에서 마술, 콩트, 개그, 춤, 노래 그 다음에 칵테일일 수도 있겠죠. 특히 바텐더는 게임을 잘하고 화술이 좋아야 합니다. 고객들과 대화가 통할 수 있어야 하니까요. 이런 부분들이 모두 잘 어우러진 사람이야말로 진정한 바텐더라고 할 수 있죠.

◆ **돈 버는 방법**
돈은 즐기면서 버는 겁니다. 고객이 즐겁고 직원이 즐겁고 또 자신이 즐거우면 사업은 늘어나게 되고, 자연스럽게 투자자가 생기거든요. 돈만 벌려고 하면 돈이 안 벌려요. 즐거우면 사람들이 따라오고, 돈도 따라옵니다.

못 고치는 차
고쳐드립니다

자동차명장 박병일

소년 정비공이 되다

한 손엔 공구, 한 손엔 책

못 고치는 차 고쳐드립니다!

세상의 편견과 맞서다!

| 자동차명장 박병일 |

1978년
◆ 자동차정비사 1급 자격증 획득.
• 한 달 월급 3천원을 받고, 독학으로 정비공부에 매진, 최연소 나이로 자격증을 따내다!

1971년
◆ 영등포 버스회사에 취직.
• 가족의 생계를 책임지기 위해 14살 나이에 중학교를 중퇴, 버스회사 정비소 시다로 들어가다.

10대
• 가난한 기와장이 아버지 밑에서 6남매의 장남으로 태어나다.

타인의 시선

김필수
대림대학교
자동차과 교수

급발진은 자동차가 첨단화되면서 나타난 문제입니다. 그 원인은 여러 가지가 있겠지만, 특히 박병일 씨처럼 근본적인 원인을 어느 한 부분에 두고 체계적으로 접근하는 방법은 주목받을 만합니다. 국내 자동차산업의 규모에 걸맞는 전문가가 많이 필요하지만 이론과 실무를 겸비한 전문가는 미흡한 실정입니다. 박병일씨는 이론과 실무를 겸비한 전문가로서 주저 없이 꼽을 수 있습니다.

1999년
◆ **자동차 급발진사고의 원인 규명.**
• 외제차와 국산차 5대를 자비로 구입, 거듭된 실험 끝에 급발진 사고의 원인을 최초로 규명해내다!

현재
◆ **자동차정비명장 선정, 국가산업포장 수훈, 기능한국인 선정.**
• 자동차 정비업계 최초의 명장. 기술인들이 노하우를 공유할 수 있는 기능인회관 건립 추진 중.

1997년
◆ 왕자그랜드 공업사(97).
◆ 카 123텍 1급 정비공업사 대표(00).
• 자신의 정비공장을 운영. 5명의 동생들을 뒷바라지하며, 최고의 자동차기술자로!

카-TV PD | 박 명장님을 처음 뵈었을 때 일에 대한 열정이 굉장히 강하다는 걸 한눈에 알 수 있었어요. 특히 자동차에 대한 이야기를 할 때는 눈빛이 무서우리만치 빛나죠. 그만큼 자기 일에 대한 애정과 열정이 강하시죠. 또 본인이 이룬 일에 대해서는 다른 후배들, 후학들, 다른 사람들과 공유하는 걸 굉장히 기뻐하세요. 많은 후배들이 배울 만한 점이라고 생각합니다.

소년 정비공이 되다

열네 살의 병일은 꿈 많은 소년이었다. 전교 1,2등을 다툴 만큼 공부도 잘했지만, 손재주가 유난히 좋았다. 군내 사생대회에서 상을 휩쓸 만큼 그림도 꽤 잘 그렸다. 병일은 커서 화가가 되고 싶었다.

그러나 그의 집은 형편이 점점 어려워졌다. 한창 새마을운동이 일어나던 당시, 사람들이 모두 슬레이트 지붕으로 바꾸는데도, 기와장이였던 아버지는 전통기와만을 고집스럽게 구웠던 것이다. 게다가 장남인 병일의 밑으로 동생이 다섯이나 되었고, 어머니 뱃속에도 여섯 번째 동생이 자라고 있었다.

어느 날 병일은 잠결에 부모님의 말소리를 듣게 되었다.

"오늘 병일이 학교에 다녀왔어요. 담임선생님이 그러시길, 병일이가 저렇게 공부를 잘하는데 동생이 더 생기면 앞으로 뒷바라지를 어떻게 하겠냐는 거예요. 아무래도 이 아이를 지워야 할까 봐요."

"그러게. 입에 풀칠하기도 힘든데 입 하나를 더 늘여선 안 되지. 거참, 부모노릇도 제대로 못 하고……. 집이라도 팔아야겠어."

그 말을 들은 병일은 몸이 얼어붙는 듯했다. 그 자리에서 꼼짝도 못 하고 눈물만 흘렸다. 동이 터오자 병일의 마음에 뚜렷한 목표가 세워졌다. 비록 어린 나이였지만, 가족의 생계를 책임지겠다고 결심했다.

'그래, 돈을 벌자. 나 때문에 동생까지 포기하려는 부모님의 시름을 조금이라도 덜어드려야겠다.'

다음날 아침 일찍, 병일의 발걸음은 학교가 아닌 다른 곳으로 향했다. 돈을 벌기 위해서는 기술을 배워야겠다는 생각에 영등포에 있는 버스회사로 무작정 찾아갔다. 당시는 서울 시내에 버스가 600대밖에 없는데다 고장이 잦아서 자동차엔진에 대해 배우기엔 더할 수 없이 좋은 작업장이었다.

버스회사는 병일을 견습생으로 받아줬지만 그뿐이었다. 월급은커녕 점심조차 거르는 날이 많았다. 열네 살 소년에게 돈까지 줘가며 기술을 가르쳐줄 리 없었던 것이다.

가끔 병일의 어머니는 도시락을 싸들고 버스회사를 찾아갔지만 먼발치에서 눈물바람으로 서 있다 왔다. 자식 볼 낯이 없었던 것이다. 아직도 어머니는 그때를 생각하면 가슴이 먹먹해진다고 한다.

"새까맣게 기름때가 묻은 채로 있더라고. 그 착하고 공부 잘하던 녀석이 기술을 배우겠다고 배까지 곯아가며……."

견습생으로 청소와 허드렛일만 한 지 1년이 지나고, 어느 날 선배가 기술을 가르쳐주겠다며 병일을 불렀다.

"정비사 자질이 있는지 시험해볼까? 진정한 정비사는 눈을 감고도 엔진오일이랑 미션오일 정도는 구분할 수 있어야 해. 한번 해봐."

당황스런 주문이었다. 병일은 어두운 창고에서 일일이 손끝에 기름을 찍어 맛을 봤다. 이상하게도 자동차 기름의 맛조차 싫지 않았다. 그는 오직 맛과 냄새만으로 여러 가지 기름의 종류를 하나도 틀리지 않고 다 맞췄다.

"어쭈, 이 꼬맹이 제법인데? 상으로 내가 기술 하나 가르쳐주지."

기술을 배울 수 있다면 병일은 뭐든지 할 준비가 돼 있었다. 그에게 새로운 세계가 열리기 시작했다. 수만 개의 부품이 맞물려 돌아가는 자동차의 세계는 지금껏 경험하지 못한 새로운 세상이었다.

한 손엔 공구, 한 손엔 책

병일은 배고픔쯤 아무렇지도 않았다. 다만 기술을 배우지 못하는 것이 참을 수 없는 일이었다. 아무도 제대로 된 기술을 가르쳐주지 않았다. 고참들에게 질문을 하면 꿀밤세례가 돌아왔고, 도무지 속시원한 대답을 들을 수 없었다.

"원래 그래! 쪼끄만 녀석이 뭘 그렇게 꼬치꼬치 물어보냐?"

"시간이 지나면 다 알게 돼."

당시 정비기술은 어깨너머로 보고 소리로 듣고 고치는 것이 고작일 만큼 주먹구구식이었다. 제대로 된 정비서적이 있을 리 없었다.

'원리를 알면 쉬울 것 같은데 왜 아무도 궁금해하지 않지?'

답답한 마음에 청계천 헌책방을 뒤지기 시작했고, 운 좋게도 영어로 된 자동차백과사전 한 권을 손에 넣을 수 있었다. 하지만 중학교 1학년을 고작 두 달 다니고서는 영어로 된 글을 읽을 수 없었다. 병일은 사전을 하나하나 뒤져가며 책을 탐독하기 시작했다. 어찌된 일인지 단어의 뜻을 알아도 도통 이해할 수가 없었다. 당시 현장에서 쓰던 용어는 일본어였고, 책은 영어로 되어 있었기 때문이다.

생각 끝에 병일은 자동차 부품 카탈로그를 구해서 회사 사무실로 갔다. 아르바이트로 회사 경리일을 하던 대학생 형에게 도와달라고 부탁했다.

"형, 이거, 가무 샤우드 같은데, 도대체 뭐라고 읽는 거야?"

"여기는 캠 샤프트라고 되어 있네. 이건 클러치, 블로바이 가스, 브레이크 드럼이라고 읽어."

병일은 클러치 밑에는 '구라치', 블로바이 가스 밑에는 '나마카스', 브레이크 드럼 밑에는 '도라무'라고 적어 넣었다. 병일은 암호문을 해독하듯 현장용어와 책 속 용어를 맞추고 달달 외웠다. 어렵게 공부하는 병일을 보면서 선배들은 비웃기만 했다.

"야, 기름밥 먹는 놈이 책은 무슨 책이야? 진정한 쟁이는 원래 책 같은 건 안 봐."

"난 머리에 먹물 든 놈만 보면 재수가 없어. 당장 관두지 못해?"

하지만 아무도 병일의 불타는 학구열을 말릴 수 없었다. 그는 잠자는 시간을 줄이고 선배들의 따가운 시선을 피해가며, 남들이 7, 8년 걸리는 기술을 3, 4년 만에 익혔고, 23세에는 일급 자동차 정비사 자격증을 획득했다.

자신의 정비공장을 운영할 만큼 성공을 한 뒤에도 그의 학구열은 계속됐다. 돈이 생기면 최신 기술서적을 번역하거나 외국의 공장들을 견학하는 비용으로 썼다. 그는 새로운 자동차 기술을 찾아 일본과 독일, 미국, 이탈리아 등 전 세계의 유명한 자동차 회사를 모두 쫓아다녔다. 기술 노출을 꺼리는 회사라면 견학생으로 들어가는 일도 서슴치 않았고, 비싼 통역비를 들여서 현지 전문가들과 이야기를 나누는 일도 아까워하지 않았다.

그렇게 쌓은 지식은 28권의 저서로 만들어졌다. 헌 책으로 토끼잠을 자며 공부하던 어려움을 후배들에게 물려주고 싶지 않았던 것이다. 그의 정비소 2층 사무실 벽은 온통 책장으로 둘러쳐 있다. 이곳엔 오천여 권의 자동차전문서적이 빼곡하게 들어차 있어서 마치 자동차정비도서관을 방불케 한다. 그는 책 한 권을 꺼냈다. 어린 시절 영어단어 밑에 일본어를 달아서 외웠던 '자동차백과사전'이다.

"세종대왕은 가죽끈이 일곱 번 떨어질 때까지 공부를 했다던데, 전 그 정도까진 아니더라도 책이 걸레가 되도록 공부했습니다. 이 책을 보면 예전의 제 모습이 생각나죠. 제가 자만심에 빠지더라도 초심으로 돌아갈 수 있는 정신적인 역할을 해주는 책입니다. 제게는 보물과도 같죠."

가장자리가 너덜거리는 책 속에는, 손에서 책을 놓지 않았던 그의 35년 세월이 고스란히 묻어 있었다.

못 고치는 차 고쳐드립니다!

"못 고치는 차 고쳐드립니다!"

인천시 남동공단에 있는 박병일의 정비소에는 이런 현수막이 걸렸다. 회생불능으로 보이는 고물차도, 전국의 유명 자동차기술자들이 포기한 차들도, 이곳에 오면 놀랍게도 생명을 얻는다. 거개가 이 정비소 저 정비소 전전하며 오랫동안 속병을 앓아온 고질병 환자 격인 자동차들이다.

정확한 원인을 찾지 못하고 임시변통으로 정비를 되풀이했으니, 그야말로 밑 빠진 독에 물 붓는 격이었던 것이다. 하지만 박병일은 자동차의 고장 원인을 족집게처럼 찾아 고쳐낸다. 한번 인연을 맺으면 단골이 될 수밖에 없다. 그러다 보니 박병일의 정비센터는 6천 명의 고정고객과 전국에서 몰려드는 '못 고치는 차'들로 늘 자동차 응급실이 된다.

형편없이 찌그러진 사고차량이 실려 들어왔다. 늘 있는 일이지만 이번에는 상태가 심하다.

"이 차는 머리 좀 아프겠네!"

"폐차해야 되는 것 아니에요?"

"이게 보험수가가 650만 원 정도 잡혀 있어요. 견적을 뽑아보니까 550만 원 정도 돼요. 100만 원 정도 차이나죠. 일단 수리합시다."

죽어가는 자동차는 살리고 볼 일이다. 움직이지도 못하는 차, 직원들이 굴려서 수술대에 눕히고 이리저리 점검에 들어갔다. 겉이며 속이며 성한 데가 하나도 없는 중환자다!

"뒤에 프레임 휘었고, 엔진 중지되어 있고, 변속기도 문제 있네. 하여간 다양하게 다 말썽이군요."

무엇보다도 중요한 건 속병을 고치는 것! 문제를 일으키는 근본적인 원인을 알아내는 것이 핵심이다.

자동차의 고장 원인을 알아내는 방법으로는 직접 창안한 4차원 정비 시스템을 가동한다.

"눈으로 보고 소리를 듣고 데이터를 분석해서 자동차의 이상 유무를 판별하는 것이 지금까지 해오던 3차원 정비입니다. 4차원 정비는 더 나아가서 그 자동차의 태생을 토대로 어느 제조사의 어떤 시스템을 가지고 있느냐에 따라 앞으로의 고장 발생 가능성을 예측하고 진단하는 것입니다."

컴퓨터 센서가 자동차의 맥을 짚듯이 차 안을 훑었다. 자동차의 생년월일, 회사, 제어시스템 같은 이력이 모니터에 고스란히 나타났다. 박병일은 데이터를 분석하여 차를 들여다보다가 갑자기 제어전문가인 송 과장을 부른다. 뭔가 문제를 발견한 모양이다.

"송 과장, 이건 ECU쪽 접지에 문제가 있는데. 접지만 확인하면 정확히 알 수 있을 것 같네. 원인 찾았어!"

ECU는 자동차를 제어하는 핵심적인 부품이다. 원인을 찾으면 희망이 보인다. 곧 차의 생명이 걸린 대수술이 시작된다. 그의 모습은 마치 암환자를 수술하는 의사를 닮았다.

"자동차의 엔진오일은 사람의 피와 같은 것이고, 자동차 전기장치는 사람의 신경망 같은 것입니다. 이렇게 꺼져가는 엔진을 고치면 죽은 사람을 살리는 기분이 들어요. 실제로 엔진소리를 들으면 사람의 심장소리와 비슷합니다."

남들이 고치지 못하는 병을 고쳐내는 명의가 있듯이, 박병일은 자동차의 숨은 결함까지 짚어내고 치료하는 '자동차 명의'로 통한다. 우리의 발이 되어 달리는 자동차를 보살피는 일은, 사람의 목숨을 담보하는 중요한 일이기 때문이다.

세상의 편견과 맞서다!

 1999년 당시, 차량의 급발진 사고는 사회적으로 큰 문제가 되었다. 하루에도 두세 건의 급발진 사고가 일어나 많은 사람들이 목숨을 잃었다. 하지만 자동차 회사들은 소비자 과실을 주장할 뿐 사고에 대한 책임을 지려 하지 않았고, 대학교수들은 물론 쟁쟁한 자동차 전문가들도 속시원히 그 원인을 밝혀내지 못했다.

 병일은 꼭 그 일을 해내고 싶었다. 20년 넘게 수많은 자동차를 다뤄온 그의 판단으로는, 자동차 자체의 결함이 분명하다고 생각했다. 그는 직접 실험 계획을 세워 관련기관을 찾아다녔다.

 "에이, 미국이나 일본에서도 원인을 밝히지 못한 건데, 하실 수 있겠어요? 학력이…… 초등학교 졸업이시네요?"

 기관의 관계자는 노골적으로 비아냥거렸다. 학력도 보잘것없고 작은 정비소의 정비공에 불과한 그가 전문가들도 해내지 못한 일을 해낼 리 만무하다는 생각이었다. 아무도 그의 말에 귀 기울이지 않았고, 그의 실험계획은 검토도 되기도 전에 거절당했다.

 결국 박병일은 '나 홀로 실험'을 감행했다. 우선 모아뒀던 돈을 털어 자동차 5대를 샀다. 다행히 한 방송사의 기자가 그의 실험을 관심 있게 지켜보았다.

 "왜 사재를 털어서 실험을 하시려는 겁니까? 이렇게 혼자 실험을 하시면 나중에 보상도 받지 못할 텐데요."

 "단지 급발진의 원인을 밝히고 싶을 뿐입니다. 다른 욕심은 없어요. 궁금하잖아요?"

그는 기자와 함께 한강 고수부지로 자동차를 끌고 나갔다. 자신의 주장을 입증하기 위해 무조건 실험을 거듭했다. 석 달 동안 수만 번의 끈질긴 실험 끝에 마침내 급발진 사고의 원인이 자동차 자체의 결함에 있다는 것을 밝혀냈다. 기업 측에서는 박병일의 연구 결과가 방송에 나갔어도 인정하려 들지 않았다. 일개 정비사의 해프닝쯤으로 치부했다. 예상되는 사회적 파장이 너무나 컸기 때문이다.

하지만 결국 기업들과 건설교통부는 그의 연구 결과를 인정하게 되었다. 자동차 회사들은 서둘러 차의 결함을 고쳐나갔고, 이후 급발진 사고로 목숨을 잃는 비극은 일어나지 않았다.

박병일이 이처럼 급발진 사고의 원인을 정확히 밝혀 낼 수 있었던 것은 늘 새로운 기술에 촉각을 곤두세우기 때문이다. 그가 요즘 관심을 가지고 있는 분야는 하이브리드카다. 늘 몇 발짝 앞서기 때문에 그는 종종 현실적인 직원들과 부딪히기도 한다.

"아직은 대기업에서도 손대지 못한 부분이잖습니까. 우리 같은 작은 정비소가 하이브리드카를 연구한다는 건 시기상조일 뿐 아니라 사치예요."

"물론 아직 하이브리드 기술이 많이 노출되지 않아서 힘들 수밖에 없어요. 기존의 가솔린 엔진과 달리 하이브리드카는 부품이 엄청 비쌉니다. 보통 5~6백만 원씩 되니까 전지만 넣어도 천만 원이 넘어가죠. 그렇기 때문에 오히려 기술을 미리 확보하지 않으면 부품 전체를 교환해야 하는 일이 생겨 그 손실이 엄청나게 됩니다. 그렇게 정비를 하면 우린 경쟁력이 없어요. 미리 준비해서 싼 가격에 정비를 해야 고객들을 확보할 수 있습니다."

박병일의 선견지명은 오래 전 경험에서 비롯된 것이다. 아직 전자제어엔진이 국내에 선보이기 전 1986년, 그는 이미 독학으로 관련 기술을 습득했다. 3년 뒤 우리나라에 전자제어 자동차가 들어오자, 이 차를 만질 수 있는 정비사는 박병일밖에 없었다.

2002년 박병일은 자동차정비부분에서는 최초로 '명장(名匠)'에 선정됐다. 명장은 산업현장에서 최고의 기능을 보유한 사람에게 국가가 부여하는, 기능인의 최고 영예다. 그는 기술의 명장을 뛰어넘어, 인간의 명장이 되기 원한다. 현재 한국 명장협회의 회장을 맡고 있는 박병일은, 기능인들의 노하우를 전수하고 기술을 개발하는 기능인회관 건립에 분주한 나날을 보내고 있다.

◆ **나에게 자동차 정비란?**

의사는 사람의 몸을 수술할 때 세심한 정성을 들이죠. 몸 안의 각 기관들은 생명과 직결되어 있으니 하나라도 허투루 다룰 수 없잖아요. 제겐 자동차가 그런 존재예요. 자동차는 3만 5천 개가 넘는 부품들이 잘 맞물려 움직여야 안전하게 갈 수 있어요. 만약에 이것이 흐트러지면 타고 다니는 사람이 다치죠. 그러기 때문에 부품 하나하나에 정성을 들이고 세밀히 관찰해야 합니다. 마치 의사가 사람을 수술하듯 말이죠.

◆ **인생의 성공이란?**

우공이산이라는 말이 있죠. 태산을 옮긴다고 하면 그걸 어떻게 하냐고 묻겠죠. 하지만 내가 못 하면 아들이, 아들이 못 하면 손자가 이어가면서 산은 옮겨질 거라 믿어요. 인생의 성공도 그렇지 않을까요? 순식간에 이루는 것만이 성공은 아니거든요. 모든 사람이 행복해지고 자신도 행복해지고 주변에 있는 사람에게도 아름답게 보여질 때가 진짜 성공이라고 봅니다. 물질이라는 것은 하루아침에도 날아갈 수 있지만 마음의 부자는 그렇지 않죠. 항상 부자로 살 수 있거든요. 마음의 부자가 되는 것, 바로 그게 성공의 비결 아닐까요.

ar
3부
괴짜, 세상을 자신의 팬클럽으로 만들어라

화려한 무대를 지휘하는 '미다스의 손'

쇼 디렉터 김소연

백 스테이지에선 무슨 일이?

모델들의 대모

아르바이트 모델, 뉴욕을 훔치다!

자신만의 퍼포먼스를 준비하라

| 쇼 디렉터 김소연 |

1994년
◆ 쇼 기획연출가로 변신.
◆ 모델라인 입사(95).
◆ DCM 창단멤버(99).
• 7년 동안 무려 500여 편의 패션쇼 무대를 지휘.

1991년
◆ 고려대학교 미술교육학과 입학.
• 아르바이트 모델로 패션계 입문.
• 노란 머리에 미니스커트 입고 캠퍼스를 누비던 학생.

10대
• 호기심 많고 그림을 좋아하는 소녀.

타인의 시선

찰스
소속 패션모델

김소연 이사님은 제가 뭘하든 말리지 않아요. 뭐든지 해보라고 하고, 결과가 안 좋을 때는 다독여주시죠. 좀 남자 같은 성격이에요. 필요한 부분이 있다고 하면 도와주시지만, 영 아니다 싶은 건 딱 잘라 말씀하세요. 늘 방송사보다는 우리 모델 위주로 생각하시죠.

2005년
- m.net 〈I AM A MODEL〉 시리즈 런칭, 쇼 디렉터 아카데미 운영.
- 젊은 감각과 무대포 정신으로 무장한 김소연, 최고의 패션시장 뉴욕에 줄줄이 모델들을 진출시키다!

2003년
- 모델전문 에이전시 에스팀 설립.
- EST media 설립.
- 모델 송경아 뉴욕 진출.

미래
- 패션TV 개국, 모델의 이름을 건 패션브랜드 런칭.
- 모델도 평생직업이 될 수 있다!

이언
패션모델

많은 기회를 주시니까 고마울 수밖에요. 제가 저같은 체격과 생각을 가진 사람에게 필요한 옷을 만들고 싶어서 의류브랜드 사업을 시작했을 때도 적극적으로 밀어주셨어요. 최근에는 영화나 드라마에 출연하게 되니까 따로 연기선생님까지 붙여서 연습시켜 주시기도 하고요.

백 스테이지에선 무슨 일이?

패션쇼가 열리기 12시간 전.

무대는 공사판을 방불케 한다. 무대의 단을 세우는 못질 소리, 철골 구조물을 설치하는 용접 소리, 쇠를 자르는 전기톱 소리가 고막을 찢을 듯이 시끄럽다.

바닥에 어지럽게 엉킨 전기선들을 헤집으며, 쇼 디렉터 김소연이 나타난다. 늘어진 청바지에 검은색 면티를 입고 머리까지 질끈 묶은 모습. 그녀는 망치라도 들고 나설 것 같은 기세이다.

"무대 위를 가로질러서 핏빛 벨벳천이 드리워질 거예요. 중세 분위기니까 조명은 좀 어두워야 하고요."

무대 위를 샅샅이 훑어보는 그녀의 눈길이 날카롭다. 이곳저곳을 가리키며 정확한 지시를 던진다.

이번엔 좌석배치표를 들고 찬찬히 살펴본다. 따로 스텝들이 할 테지만, 손님들의 케이터링과 좌석배치까지 다시 한번 꼼꼼히 챙겨야 직성이 풀린다. 패션쇼 현장의 아무리 소소한 부분이라도 그녀의 손을 비켜서지 못한다.

그녀는 무대 위를 떠나 행사장 곳곳을 헤집고 다닌다. 먼저 분장실에 들른 그녀는 메이크업 아티스트를 붙잡고 열심히 쇼의 콘셉트를 설명하기 시작한다.

"최대한 암울하고 어둡게. 까무잡잡하고 길들여지지 않은 듯 거친 얼굴로……."

앞으로 쇼까지 단 4시간.

어느덧 리허설이 시작되고, 혼란스러운 무대가 일사분란하게 정리되어간다.

"로고 빼면서 조명 주세요. 조명 받침도 빼주시고요."

"모델 나와!"

무대 위에 묘한 긴장감이 돌았다. 모델들이 차례대로 걸어 돌아나가는 순간, 결국 큰소리가 나고 말았다.

"다시, 다시, 다시 와봐! 최대한 재수 없게 가란 말이야! '나한테 반했냐' 뭐 그런 표정 있잖아! 눈 뒤집어도 좋아."

마이크가 쩌렁쩌렁 울리고 주위 공기가 차갑게 내려앉았다. 그녀는 모델의 결기와 객기가 모두 성에 안 차는지 이맛살을 잔뜩 찌푸렸다.

"턱 내려! 다리 한쪽 앞으로……. 여기선 웃으란 말이야!"

그녀는 소리를 지르는 것으로도 부족했는지 무대로 냅다 뛰어올랐다. 모델들의 손을 올려 턱에 가져가거나 주머니에 두 손을 찔러주며 아예 동작을 정해주었다. 진짜 쇼에서야 오롯이 모델들의 카리스마가 돋보이겠지만, 지금 무대를 장악하고 있는 사람은 김소연이다. 모델들의 표정이며 손짓 하나까지 모두 그녀의 손에 의해 만들어진다.

그녀는 리허설이 끝난 후 무대 뒤 분장실로 달려갔다. 1년차 모델인 진구 씨가 거울 앞을 서성거렸다. 아직도 뭔가 부족한지 그의 얼굴에 불안한 빛이 역력했다.

"어떻게 해요?"

"풀 씹는 것처럼 질겅거려 봐. 진짜 껌을 씹든지……."

잘 모르는 사람이 보면 그게 그거 같지만, 쇼가 시작되기 전까지 그녀의 까다로운 주문과 고민은 끊임없이 계속된다.

쇼가 초읽기에 들어가자, 백 스테이지는 폭풍전야다. 모델들은 극도의 긴장감으로 초조하게 서성거렸다. 그때 갑자기 양주 3병이 대기실로 들어왔다. 늘 그런 건 아니지만, 가끔 긴장을 풀기 위해 내리는 그녀의 극약처방이다.

비로소 지난한 노동의 끝자락, 화려한 쇼의 시작이다. 당당한 걸음으로 캣 워크를 누비는 모델들과 사람의 마음을 감동시키는 쇼의 뒤편에는, 늘 백 스테이지를 일사불란하게 지휘하는 쇼 디렉터 김소연이 있다.

모델들의 대모

김소연의 카리스마는 패션쇼의 현장에서만 발휘되는 것은 아니다. 그로부터 한 달 뒤 서울 컬렉션을 위한 내부 오디션 장에서도 특유의 독설은 거침없이 이어졌다.

"뒤꿈치 돌리지 말고! 누가 뒤꿈치 돌리래? 발을 디뎠으면 움직이면 안 돼!"

일 년에 한 번 열리는 서울 컬렉션은 모델이라면 누구나 서고 싶어 하는 꿈의 무대이자, 톱모델을 위한 등용문이다. 중요한 무대이니만큼 잘 해내고 싶은 마음은 굴뚝같지만, 모델들은 너무 긴장한 탓인지 실수 연발에 나무토막처럼 몸이 뻣뻣했다. 아니나 다를까, 또다시 서릿발 같은 그녀의 잔소리가 쏟아졌다.

"수강료가 아깝지도 않냐? 도대체 달라진 게 없어. 살찐 사람이 있지 않나, 옷은 또 그게 뭐야? 네 인생이 걸린 일인데, 그 정도도 투자 못 해? 우리는 예전에 오디션을 앞두고 한 달 전부터 여섯 시간씩 연습했어. 운동도 하루에 네댓 시간씩 하고. 너희들한테선 뭔가 해내고 말겠다는 의욕이 전혀 안 느껴져."

모델을 선발하는 일이 쇼 디렉터에게 가장 중요한 업무라고는 하지만, 김소연의 말은 좀 지나친 감이 있다. 마음에 드는 모델을 선발하고 일어서면 될 일을 굳이 오디션 내내 모델들의 표정과 워킹을 지적하고 호통을 쳐댄다. 옆에서 보다 못한 동료 심사위원이 그녀를 말리고 나섰다.

"좋은 말로 하지, 왜 그렇게 무섭게 해? 애들이 주눅 들어서 나오던 웃음도 달아나겠다!"

"아휴, 이건 아니에요. 지금 저 아이들, 인생을 낭비하지 않게 해줘야 하잖아요. 가능성이 없으면 제대로 얘기해 주는 게 옳은 거고, 될 만하면 채찍질을 해서라도 빠른 시간 안에 되게끔 만드는 게 더 중요하다고요."

김소연에게는 모델이라는 존재가 한 번의 무대에 세우기 위한 스텝이라기보다는, 평생을 함께하는 후배요 동반자다. 그래서 주변에는 믿고 따르는 모델들이 하나 둘 모여든다. 그러다 보니 이제는 쇼디렉터라는 본업보다도 모델들의 새로운 변신을 돕는 것이 그녀의 중요한 일이 되었다.

그녀가 관리하는 모델들은 패션쇼뿐 아니라 다양한 영역에서 활동하는 '별종'들이 많다. 방송가에서 오락 프로그램 영순위 게스트로 떠오르는 찰스가 대표적인 케이스다. 김소연은 찰스가 옷장사를 한다고 나설 때도, 방송을 시작할 때도 늘 든든한 후원자였다. 씨름 선수 출신의 모델 이언은 최근 영화와 TV 드라마에 출연하면서 연기자의 길을 걷게 되었고, 장윤주와 송경아는 자신의 모델 경험을 책으로 펴내 베스트셀러 작가가 되었다.

김소연은 요즘 모델 박윤정의 가수데뷔를 도와주고 있다. 박윤정은 음반작업을 하는 시간 외에는 하루 대여섯 시간 안무연습장에서 땀 흘리고 있다. 그녀의 모습을 보는 김소연은 동작 하나하나가 자신의 일처럼 신경이 쓰인다.

"아무래도 워킹할 때의 동작이 남아 있어서 춤이 딱딱하게 느껴진다. 무릎을 좀 더 부드럽게 움직여야 할 것 같아."

모델과 가수는 전혀 다른 분야다. 걸음마부터 다시 시작하듯, 앞으로 박윤정은 처음 시작하는 사람들보다 더 많은 노력이 필요할지 모른다.

사람들은 새로운 분야에 도전하는 모델들의 노력을 재미삼아 하는 도전쯤으로 여기지만, 알고 보면 그들의 움직임 하나하나에는 살아남기 위한 처절한 몸부림이 있다. 모델의 정년은 25세라고들 한다. 정년이 지난 모델들은 효용가치가 떨어진 상품처럼 외면당하기도 한다. 누구보다 그들의 고통을 잘 알기에 그녀는 물적 정신적 지원을 아끼지 않는다. 갖가지 끼와 재능을 가진 모델들이 자기의 길을 당당히 걸어갈 수 있게 그들의 잠재력을 발견해내고 이끌어낸다. 김소연은 모델들의 미래가 곧 자신의 미래라고 믿기 때문이다.

아르바이트 모델, 뉴욕을 훔치다!

김소연이 모델들에게 남다른 애정을 가질 수밖에 없는 이유는 따로 있다. 그녀도 모델로 처음 패션계에 발을 들여놓았기 때문이다. 대학시절 단지 남들보다 키가 크다는 이유로 모델 아르바이트를 시작했고, 어느새 그녀의 본업이 되었다. 하지만 준비도 없이 재미삼아 뛰어든 모델의 길은 그리 호락호락하지 않았다. 메인 모델 선발에서 번번이 고배를 마시면서, 김소연은 화려한 무대의 그림자가 되어야 했다.

주변 사람들의 시선도 따가웠다. 민주화투쟁으로 연일 집회와 시위가 열리는 캠퍼스에서 그녀의 노랗게 물들인 머리와 미니스커트는 비난의 대상이 되기 일쑤였다.

"겉멋만 들어선 모델을 한다더니 하는 일도 없네. 저렇게 될 줄 알았어. 모델은 아무나 하나?"

손가락질을 받을 때면 오히려 오기가 발동했다.

'여기서 그만두면 안 돼. 아무런 소득도 없이 돌아서면 손가락질

을 했던 사람들 말대로 되는 거야. 뭐라도 하기 전에는 여길 떠날 수 없어.'

그늘에서 시들어가는 꽃처럼 식어가던 그녀의 열정을 다시 불러 일으킨 것은, 바로 쇼 디렉터였다. 어느 날 그녀는 무대 연출자의 카리스마 넘치는 모습을 보고 정신이 번쩍 들었다. 수동적으로 움직이는 모델보다는 상상력을 마음껏 발휘할 수 있는 연출에 무작정 이끌렸다. 그녀는 무턱대고 공연 관계자를 쫓아다녔다. 쇼 연출을 배우기 위해서라면 닥치는 대로 무슨 일이든 하며 일을 배우기 시작했다.

"집 앞에 서 있다가 무보수로 운전을 하고 짐도 나르면서 3개월 넘게 따라다녔어요. 그분은 압구정동에서 조그만 카페를 운영했는데 제가 자진해서 무보수로 도와드렸어요. 카페 홀서빙도 하면서 일을 배우기 시작한 거죠."

어렵게 시작한 만큼 김소연은 열심히 뛰었다. 7년 동안 종횡무진으로 패션쇼 무대를 누비며 수백 건의 대형쇼를 치러냈다. 그렇게 명성을 쌓아나갈 무렵, 그녀는 덜컥 회사를 그만두었다. 정신없이 앞만 보고 달려왔기에 잠시 휴식시간을 갖고 싶었던 것도 이유였지만, 좀 더 공부를 해서 새로운 기회를 만들고 싶어서였다. 하지만 며칠 뒤 동고동락하던 모델들이 찾아왔다.

"언니만 보고 일을 했는데, 이렇게 그만두면 우린 누굴 믿어요? 전속금도 필요 없고, 그냥 상담만 해줘도 좋으니까 우리 뭐라도 같이 해요, 네?"

결국 김소연은 그녀들의 말에 용기를 얻어 독립을 결심했다. 4명의 모델들과 동료 3명, 그녀를 포함한 여덟 명이 의기투합해 회사를 차리게 되었다. 자본금도 없고, 회사 경영의 노하우도 전혀 없었다. 다만 유일한 밑천이라면 젊은 패기와 무모하리만치 용감한 도전 정신뿐이었다.

3년의 시간이 지나고 회사는 스물일곱 명의 톱모델과 이십여 명의 직원을 거느리며 성장했다. 그리고 그녀는 세계적인 패션모델들이 모여 있는 뉴욕에 한국 모델을 입성시켰다.

당시만 해도 뉴욕에서는 동양인 모델조차 찾아보기 어려웠고, 그곳 외의 다른 경력은 전혀 인정되지 않았다. 우리나라에서 알아주는 베테랑 모델이라도 밑바닥부터 시작해야 하기에, 그녀의 도전은 무모했다. 보수적이고 편견이 심한 뉴욕 패션시장에서 이들이 '코리안 모델'로 당당히 활동하기까지, 김소연은 직접 맨몸으로 부딪쳤다.

용감함 도전은 드디어 감격스런 결과를 낳았다. 코리안 워킹에 대한 세계의 반응은 뜨겁게 다가왔던 것이다. 뉴욕뿐 아니라 패션 피플들의 교과서라 불리는 이탈리아 보그 지와 뉴욕 보그 지의 메인화보를 김소연의 모델들이 장식하게 되었다. 잡지를 손에 쥐고 흥분하던 그날을 그녀는 아직도 잊지 못한다.

"너무나 유명한 세계적인 패션잡지들이 사무실에 배달이 되었죠. 그 표지를 우리 모델들이 장식하고 있었고요. 소름이 돋았어요. 이게 꿈인가 생신가 믿어지지도 않았죠."

15년전 아르바이트 모델로 패션계에 뛰어든 김소연은, 이제 최고의 코리안 워킹을 선보이는 모델군단을 앞세워 뉴요커들의 마음까지 훔치게 된 것이다.

자신만의 퍼포먼스를 준비하라

강남에 있는 한 케이블 TV 방송국.

이른 아침부터 수백 명의 모델 지망생들이 모여들었다. 이곳에서 김소연이 참관하는 공개 오디션이 열리기 때문이다. 춤이면 춤, 개인기면 개인기, 모델 지망생들은 어설프지만 자신의 개성과 끼를 마음껏 발산했다.

이 프로그램은 모델 지망생들이 최종 1인의 모델이 되기 위해 다양한 서바이벌 과제를 다룬다. 모델계에 첫발을 들여놓는 초보 지망생이 한 사람의 모델로 성장해가는 과정을 그려내는 것이다. 벌써 세 번째 시리즈를 제작할 만큼 뜨거운 반응을 얻었고, 최초의 모델전문 프로그램이라는 화제를 모은 바 있다.

이 프로그램에는 김소연과 그녀의 톱모델 군단이 스무 명 넘게 출연한다. 패션쇼에 모델 매니지먼트에 눈코 뜰 새 없이 바쁜 김소연이 모델전문 프로그램에 공을 들이는 이유는, 자신이 직접 이 프로그램을 기획했기 때문이다.

"외국방송에서 〈도전, 어메리컨 톱 넥스트 모델〉이라는 프로그램을 보게 되었죠. 우리나라에서도 도입하면 괜찮겠다 싶어서 시작했어요. 아무래도 우리나라 실정에 맞게 기획해야 했죠. 우선 톱모델들이 어떤 일을 하는지 보여주는 것으로 시작했는데 10대에서 20대까지 폭발적인 반응이 있었어요."

이것은 새로운 영역을 개척하기 위한 전초전일 뿐이다. 김소연은 앞으로 모델들을 위한 새로운 케이블 채널을 만들 생각이다. 패션만 전문으로 하는 패션 TV를 한국에 만들고 싶다는 생각은 단순히 꿈만은 아니다. 그녀는 조만간 그 꿈이 이루어지도록 본격적인 행보를 준비하고 있다.

사무실로 돌아온 김소연은 또 옷을 늘어놓고 일을 시작했다. 몇 명의 모델들과 함께 수십 벌의 옷을 입고 벗고 뜯고 살피느라 사무실이 떠들썩하다. 모델의 이름을 건 패션 브랜드를 만들어볼 생각이란다.

김소연은 늘 새로운 일과 쇼를 찾아서 세상을 헤맨다. 그녀가 찾아낸 이미지들이 하나하나 무대 위에서 살아 움직일 때 그녀는 보이지 않는 백 스테이지에서 미소를 짓는다.

늘 새 옷으로 갈아입는 패션쇼의 무대처럼, 끊임없는 열정과 도전으로 새로운 이미지를 만들어가는 쇼 디렉터, 김소연. 그녀는 세상을 향해 쏟아놓을 또 다른 퍼포먼스를 준비하며 오늘도 뛰어다닌다.

◆ 쇼 디렉터의 매력

최고의 위치에서 나래를 펼치는 시간은 고생한 시간에 비해 아주 짧은 순간적인 상황이에요. 하지만 그만큼 강한 매력이 있죠. 일단 젊게 살 수 있다는 것이 굉장히 큰 매력이에요. 수많은 문화를 접하고 새로운 경험을 할 수 있어서 호기심 많은 내 성격상 매우 즐거운 일이고요. 게다가 항상 놀면서 할 수 있는 일이잖아요. 정말 재밌게 놀 수 있기 위해서 하는 일이니까 더 즐거울 수밖에요.

◆ 나에게 '일'이란?

일단, 생계수단이기 때문에 삶의 100%를 차지하죠.
일은 김소연이고, 김소연은 일, 그렇게 일 이외에 다른 기억은 거의 없어요. 늘 즐겁게 할 수 있는 일이지만, 반면 잠시도 일 생각을 떨칠 수 없어서 스트레스가 쌓이기도 하죠. 그래도 제 힘의 가장 큰 원천은 끊임없이 잡히는 미팅스케줄이에요.

◆ 나에게 '모델 매니지먼트'란?

모델들은 하나같이 숨은 재주들을 가지고 있어요. 그걸 꺼내지 못하면 너무 아깝죠. 무엇보다도 모델들이 서른이 넘어 이 일을 못할 상황이 됐을 때는 과연 무엇을 할 수 있을까 하는 생각을 하게 돼요. 그러다 보니 모델들을 엄마 같은 마음으로 챙기게 돼요.

젊은 여행군단을
조직하라

여행사업가 엄기원

히틀러 여행군단

복수는 나의 힘!

미지의 바다, 인터넷을 공략하라

돈키호테 사장님

| 여행사업가 엄기원 |

◆ 신촌(5평)에서 여행사 설립.
• 비행기 한 번 타본 적 없고 항공사 코드도 모르는 문외한 엄기원, 여행사를 차리다! 하지만 6개월째 개점 휴업.

2001년

2000년

◆ 컴퓨터회사 근무.
• 샐러리맨 엄기원을 차버린 첫사랑의 그녀, 그의 인생을 180도 바꾸어놓다!

10대

예전에는 여행사가 홈페이지를 만들어 매출을 발생시키기란 굉장히 힘든 일이었어요. 사람들이 신뢰하지 않았거든요. 몇 백만 원씩 되는 금액을 인터넷 사이트만 믿고 내준다는 것은 상상할 수 없었죠. 하지만 지금은 다릅니다. 그 시장을 제가 개척했으니까요.

2004년
- ◆ 종로구 명륜동 사무실로 확장이전.
- 몸과 마음을 추스리고 회사를 재정비! 연령과 경험에 제한이 없는 군대식 경영으로 젊은 여행군단을 조직하다!

2003년
- ◆ 성북동 사옥으로 이전.
- ◆ 방콕 최다 송출인원 기록.
- 스카우트한 직원이 16명의 식구들을 데리고 회사를 나가버리다!

2005년
- ◆ 명동사옥으로 이전, TV광고 시작.
- 여행사 설립 5년만에 업계 5위의 실적 기록! '상상 그 이상의 진격'을 이뤄내며 신흥여행사로 군림하다!

확률로 본다면 제가 성공할 가능성은 40%밖에 안 됐어요. 하지만 중요한 것은 그게 아닙니다. 얼마나 열심히 하느냐에 따라 실패할 확률은 1%씩이라도 줄여나갈 수 있으니까요. 자신의 노력 여하에 따라 가능성은 얼마든지 바뀔 수 있습니다.

히틀러 여행군단

"안녕하세요!" "안녕하세요!" "안녕하세요!"
사무실 문을 열고 들어서는 순간, 머리 위로 한꺼번에 인사가 쏟아진다. 6백 평이나 되는 너른 사무실. 이백여 명의 직원들이 자신의 옆을 지나갈 때마다 자리에서 일어나 깍듯이 인사한다. 어떤 내방객이라도 이 원칙은 변함이 없어서 처음 온 택배기사나 우편집배원은 어리둥절한 얼굴로 인사를 받게 된다.

직원들이 한참 바쁜 시간, 음식재료를 잔뜩 든 남자가 사무실로 들어온다. 이 사무실의 수장인 서른셋의 젊은 사장, 엄기원이다.

한 달에 한 번 그가 직원들을 위해 손수 요리를 해주는 날이란다. 결혼도 하지 않은 남자가 얼마나 요리를 잘할까 싶은데, 의외로 재료 다루는 폼이 한두 번 해본 솜씨가 아니다.

어느새 완성된 요리들을 사무실로 나른다. 잔칫집 음식 저리가랄 만한 닭찜에 잡채, 호박찜까지 대령한다. 나른하던 오후 사무실에 갑자기 활기가 돈다. 모양새만 그럴 듯한 게 아니라 맛도 그만인지 직원들은 바닥까지 싹싹 긁으며 뚝딱 그릇을 비워낸다.

이 회사는 한 달에 한 번 전 직원이 영화관에 가는 날도 있다. 그것도 반드시 근무시간 중에.

"그런 거 있잖아요, 땡땡이치는 기분. 직원들한테 그런 걸 느끼라고 업무시간에 하는 거예요."

이밖에도 말복날 닭 50마리 잡기, 드레스 파티, 전 직원 단체 휴가 등 엄기원은 다른 회사에서는 상상할 수 없는 직원들을 위한 이벤트를 만들어낸다.

엄기원의 손에는 늘 당근과 채찍이 함께 있다. 사무실 한쪽에는 누구나 볼 수 있는 커다란 상황판이 있다. 전 세계로 보내는 여행객들의 모객인원과 매출현황이 직원별로 실시간 기록되는, 이른바 '성적표'다.

"어제 목표를 달성한 팀에게 음료수를 나눠줍니다. 제가 사는 게 아니라, 목표를 달성하지 못한 사람들한테 강제로 뺏는 겁니다. 목표를 달성하지 못한 사람이 음료수를 사오고, 달성한 사람은 마시는 거죠."

별것 아닌 음료수일 뿐이지만 상벌에서는 철저한 것이 엄기원의 원칙이다. 그저 놀면서 즐기는 것처럼 보여도 엄기원의 여행군단에는 독특한 질서가 존재한다. 직원들은 나이와 경력이 많든 적든 무조건 회사에 입사한 기수별로 상하관계가 유지되고, 모든 말은 군대식으로 '~습니다' '~습니까?'라고 통일돼 있다. 바로 히틀러라고 불리는 젊은 사장 엄기원이 만들어낸, 소위 '군대식 경영'이다.

복수는 나의 힘!

엄기원은 인터넷 관련 회사에 다니는 평범한 청년이었다. 해외여행이라고는 제주도도 가보지 못했으면서 여행사를 차리게 된 것은 순전히 여자친구 때문이었다.

그에게는 첫사랑 여자친구가 있었다. 하지만 샐러리맨 기원이 눈에 차지 않았던지 어느 날 불쑥 이별을 통보해왔다. 그는 실연의 쓴 잔을 건넨 첫사랑에게 복수를 하겠다고 결심했다.

'보잘것없다는 이유로 나를 찼다고? 두고봐. 내 앞에서 꼼짝 못하게 만들어줄 테니.'

첫사랑의 여자는 여행업과 관련된 회사를 다니고 있었다. 그녀를 꼼짝 못하게 하려면 큰 여행사를 차리는 것이 가장 빠른 길이었다.

엄기원은 직장후배 세 명과 의기투합해 덜컥 여행사를 차렸다. 신촌에 5평짜리 사무실을 얻었지만, 항공사 코드도 읽지 못하는 엄기원에게 결코 만만한 일이 아니었다. 회사는 6개월이나 개점 휴업상태였다. 직원들에게 월급을 주기는커녕, 오히려 그들에게 점심을 얻어먹을 정도였다.

그는 직원들에게 미안해서라도 최선을 다할 수밖에 없었다. 아침 일찍 출근해서 청소하고, 항공사 코드와 여행 일정표를 외우고 공부하면서 미래의 전략을 세워나갔다. 회사는 서서히 본궤도에 오르기 시작했고, 설립 1년 만에 방콕 최대 송출인원을 기록하는 쾌거를 이뤘다.

마침내 복수의 기회가 찾아왔다. 잘나가는 여행사 대표가 되어 첫

사랑 그녀를 찾아갔다. 역시 그녀의 태도는 많이 달라져 있었다. 오히려 더 적극적으로 나왔다. 그녀를 다시 만난 지 한 달이 되는 날, 기원은 벼르고 벼르던 말을 꺼냈다.

"사실 복수를 하려고 계획적으로 접근했지만, 네가 이렇게 나오지 않기를 바랐어. 결국 나를 버린 것도 다시 선택한 것도, 내 자신이 아니라 내 배경 때문이었지. 인생 그렇게 살지 마!"

그동안 수없이 연습했던 한마디를 멋지게 날렸지만, 기원은 왠지 가슴이 허전했다. 자신이 달려왔던 목표가 사라진 것 같았다. 하지만 또 다른 복수의 대상이 생겼다.

회사가 커지면서 기원은 성북동 65평 사무실로 이사를 했다. 여행업에 자신이 생긴 터라 외부에서 재능 있는 직원들도 스카우트했다. 하지만 새로 들어온 경력직 사원은 직원을 무려 열여섯 명이나 데리고 회사를 빠져나갔다. 아예 여행사를 따로 차린 것이다.

반이나 되는 직원을 한꺼번에 잃으면서 회사는 휘청거렸다. 기원은 인력관리가 얼마나 중요한가를 뼈저리게 느꼈다. 처음부터 다시 시작하는 마음으로 회사를 재정비했다. 이번에는 여자친구가 아니라, 자신을 배신한 사람들과 여행업계에 복수를 하기 위해서였다.

미지의 바다, 인터넷을 공략하다!

엄기원은 후발주자로 여행업계에 뛰어들었기에 늘 남들과 다른 전략이 필요했다. 대부분 여행사들이 기업이나 단체를 대상으로 영

업을 하지만, 엄기원은 고객에게 가까이 다가가는 방법으로 온라인을 선택했다. 처음 시도할 당시로선 누가 봐도 무모한 도전이었다.

"당시 여행사가 홈페이지를 만들어 매출을 발생시키기란 굉장히 힘든 일이었어요. 사람들이 신뢰하지 않았거든요. 몇 백만 원씩 되는 금액을 인터넷 사이트만 믿고 내준다는 건 거의 상상을 못했죠."

하지만 불과 1,2년 사이 PC방이 보급되고 전용선이 대대적으로 깔리면서, 인터넷은 사람들이 가장 빠르고 쉽게 접하는 매체가 되었다. 그는 무주공산이나 다름없었던 인터넷 여행시장의 최강자로 뛰어올랐다.

그의 회사에는 '국내 최초'라는 수식어가 많이 들어간다. 국내 여행업계로는 최초로 한글 도메인을 상용했고, 자사 홈페이지뿐 아니라 타사 홈페이지에서 '여행공동구매'를 실시해 차별화된 서비스를 만들어냈다. 비즈니스 특허를 출원한 여행 공동구매의 핵심은 '선착순 마케팅 방식'이다. 예를 들어 태국 4박 6일 여행상품을 선착순 10명에게 24만 8천 원에 판매하고, 이후 예약자들에게는 20만 원 이상 비싼 44만 8천 원에 판매한다. 이런 독특한 영업방식에 고객들의 관심이 집중됐고, 결과는 회사의 실적으로 고스란히 드러났다.

"미리 정한 가격을 놓고 고객과 몇만 원을 흥정하는 것이 기존 여행사가 쓰는 영업방식이죠. 반면 우리는 거꾸로 고객 스스로 가격을 정하게 하는 겁니다. 여행 공동구매는 그런 점에서 젊은 고객들에게 신선한 충격을 불러일으켰죠."

기존 여행사들이 단순한 마케팅 전략으로 머릿수 늘리기에 여념이 없을 때, 엄기원은 기본생각부터 달랐다. 온라인 마케팅에 포커

스를 맞추고 포털사이트와 라디오에 집중적으로 광고를 하면서 인지도를 높였다. 특히 일반 대기업과 제휴를 맺어 온라인상에서 노출의 빈도를 높였으며, 인터넷 150개 업체와 제휴를 맺고 인터넷업계 홀세일을 시작해 다량의 물량을 보유하기도 했다.

지금은 많이 일반화되었지만, 홈쇼핑 콜센터에 못지않은 상담도 그 출발지는 이곳이다. 인터넷을 이용한 모객방식이 핵심을 이루고 있기에 이런 시스템의 도입은 자연스러운 것이었다.

한 번이라도 상담을 받았거나 여행을 다녀온 고객이라면, 그 내용이 데이터베이스에 저장되어 상담자에게 정보가 전달된다. 고객이 어떤 이유로 전화를 했는지 어느 지역에 관심 있는지 속속들이 알고 있기 때문에, 통화시간이 단축될 뿐 아니라 보다 깊이 있는 상담이 가능하다. 이처럼 온라인 마케팅은 하나를 알고 있으면 또 다른 기회를 만들어내는 것이 장점이다. 그에게 인터넷은 끊임없이 새로운 가능성을 만들어내는 판도라의 상자였다.

돈키호테 사장님

기업체 CEO 중에서 엄기원만큼 방송출연을 많이 하는 사람도 없을 것이다. 방송사의 여행 프로그램은 모조리 섭렵했을 정도다. 그는 방송을 협찬할 뿐 아니라 출연까지도 마다하지 않는다. 필요하다면 개그맨이나 리포터보다도 더 심하게 망가지는 모습을 보인다. 씨름선수 박광덕과 함께 출연한 회사 CF에서는 몸에 실오라기 하나

걸치지 않고, 사우나에서 5시간을 꼬박 촬영하기도 했다.

그가 방송출연에 몸을 사리지 않는 것은 방송이 젊은 고객층을 모으는 중요한 수단이 되기 때문이다. 가끔은 주변 사람들이 그의 '망가짐'을 말리기도 하지만, 회사를 위해서라면 할 수 있을 때까지 망가지겠다는 것이 그의 각오다.

"회사의 이미지를 살려야 될 사람이 방송에 출연해서 굉장히 많이 망가진 경우도 많았어요. 물론 위신이 떨어질 테지만 할 수는 있습니다. 회사를 위한 길이라면 다 할 수 있습니다."

일단 방향이 정해지면 앞뒤 재지 않고 바로 움직이는 것이 바로 엄기원의 스타일이다. 그는 항공권 확보가 여행업의 성패를 좌우한다고 판단하자마자 곧바로 일을 벌였다. 그는 여행용 가방에 1억5천만 원을 넣어 항공사를 찾아갔다.

"매달 평균, 태국 말레이시아 등 동남아 노선 6천 석을 저희에게 주십시오!"

무작정 항공 좌석을 구입하는 것은 도박과도 같았다. 좌석을 미리 확보해놓고 고객을 모으지 못한다면, 그대로 돈을 날리게 된다. 하지만 모험이 없이는 아무것도 얻을 수 없다는 생각에 엄기원은 위험을 무릅썼다.

"확률로 본다면 성공할 가능성은 40%밖에 안 됐어요. 하지만 중요한 것은 확률이 아닙니다. 얼마나 열심히 하느냐에 따라 실패할 확률을 1%씩 줄여나갈 수 있으니까요. 그러면 당연히 성공확률은 늘어나는 겁니다. 노력 여하에 따라 얼마든지 바뀔 수 있는 거죠."

엄기원이 찾아낸 정답은 욕심을 버리는 것이었다. 항공권 좌석을 갖고 있다 해서 비싸게 팔면 당장은 이익을 올리겠지만, 결국 고객이 외면하게 된다. 그는 경쟁사보다 저렴하게 가격을 정했고, 결국 90% 이상 모객을 이뤄냈다.

아직도 이 일화는 여행업계에서 '무교동 신화'로 불린다. 엄기원은 이같은 공격적인 마케팅으로 6년 만에 회사를 업계 5위 안에 드는 대형여행사로 성장시켰다.

엄기원의 사업계획 역시 어디로 튈지 모르는 그의 모습처럼 기발한 상상력으로 가득하다.

"회사의 전용기를 띄우는 것이 꿈입니다. 일반 항공사처럼 리스해서 가져오는 것도 구상하고 있죠. 이후에는 축구단 혹은 야구단을 창설해 여행-스포츠 그룹으로 회사를 키우고 싶습니다."

풍차를 보고 달려가는 돈키호테처럼, 엄기원의 도전은 늘 무모해 보인다. 하지만 변화를 두려워하지 않기에 그의 도전은 아름답다. 그가 준비하는 또 다른 여행업계의 신화를 기다려본다. 그것 역시 미지의 세계를 탐험하는 여행가의 도전처럼 과감할 것이다.

◆ 경력 없는 신입사원만 뽑는 이유

신입사원이 조직의 시스템에 맞추어가려면 6개월 이상은 투자를 하고 기다려줘야 합니다. 비용과 시간이 많이 들지만 다른 장점이 있어요. 당장은 수익적인 면을 기대할 수 없지만 아무것도 없는 하얀 종이에 나름대로의 색깔을 입힐 수 있으니까요.

또 애사심이 굉장히 강해집니다. 신입사원 때부터 차근차근 자기 능력을 키웠을 뿐 아니라 회사를 자기 손으로 일구어낸다는 생각을 갖게 되거든요.

◆ 군대식 경영을 하는 이유

상하관계가 제대로 지켜지지 않으면 일이 돌아가지 않습니다. 윗사람이 지시를 했는데도 일을 하지 않으면 회사는 느리게 움직이고 발전성이 떨어지게 되죠. 그래서 일처리 면에서 군대식 경영을 강조하는 겁니다.

◆ 나의 꿈

개인적인 꿈이 있습니다. 직원과 함께하는 거죠. 나중에 큰 아파트를 지어서 전 직원이 같이 사는 거예요. 위 아래층에 살면서, 출근버스도 같이 타고 주말엔 소주도 같이 마시고.

밥상의 어머니,
김치는 나의 힘

김치사업가 이하연

익산의 장금이

오십 원짜리 만두

김치에 미치다!

김치 아낙의 김치 아리랑

| 김치사업가 **이하연** |

1988년
- 대림동 재래시장에서 밥장사 시작.
- 허름한 판자로 만든 4평짜리 점포, 그러나 후한 밥 인심에 쭉쭉 찢어 얹은 김치가 일품!

1987년
- 장호원에서 만두 노점상 시작.
- 오십 원짜리 만두를 구워 팔며 음식장사에 입문.

10대
- 전북 익산 출생.
- 아홉 남매의 막내로 태어난 익산의 장금이.

타인의 시선

민승규
삼성경제연구소 수석 연구원

우리가 속된말로 그분을 애기할 때 반은 미쳤다고 말합니다. 김치에 미친 사람이란 말이죠. 만나보면 알겠지만 그분의 눈과 목소리, 행동에서 느낄 수 있는 건 김치에 대한 열정입니다. 이하연 사장의 김치가 명품이라는 평가를 듣게 된 것은 단순한 먹을거리를 뛰어넘어 또 다른 가치가 있다는 뜻이거든요. 그런 열정이 있기 때문에 명품이 만들어질 수 있는 게 아닌가 싶습니다.

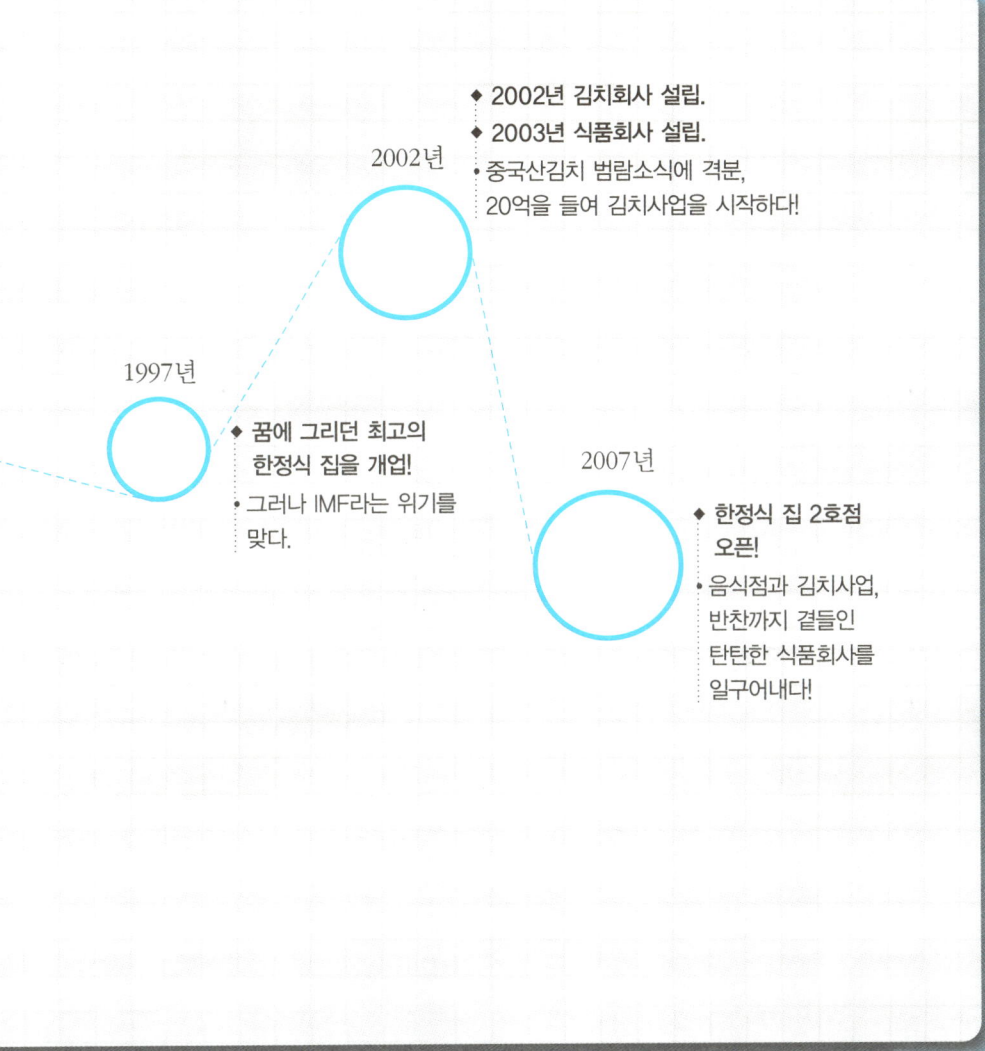

2002년
- ◆ 2002년 김치회사 설립.
- ◆ 2003년 식품회사 설립.
- 중국산김치 범람소식에 격분, 20억을 들여 김치사업을 시작하다!

1997년
- ◆ 꿈에 그리던 최고의 한정식 집을 개업!
- 그러나 IMF라는 위기를 맞다.

2007년
- ◆ 한정식 집 2호점 오픈!
- 음식점과 김치사업, 반찬까지 곁들인 탄탄한 식품회사를 일구어내다!

김정우
인테리어 디자이너

이하연 사장은 진짜 좋아요. 저분을 대하는 모든 사람들이 다 주인 대접을 받게 되죠. 손님들을 위해서 자기가 할 수 있는 걸 늘 생각하시거든요. 예를 들어 좋은 재료만 있다면 언제 어디든지 달려가요. 남들이 갖기 전에 먼저 가져야 돼요. 제일 좋은 재료로 만들어 손님에게 내놓은 거죠. 그러고 나서 맛있다는 말을 들으면 너무 좋아서 흥분하고 스스로 자아도취하고, 어떻게 보면 비즈니스와는 거리가 먼 사람인데, 결과적으로 그것이 더 큰 비즈니스를 만들었죠.

익산의 장금이

"야, 어깻죽지도 아프고, 입이 너무 궁금하지 않니?"
"그래, 뜨끈한 부침개 한 접시 먹으면 원이 없겠수!"

동네 처녀들이 방안에 둘러앉아 열심히 일하고 있다. 한참 수출 붐이 일고 있던 터라, 농가에서도 밤이면 일본으로 수출하는 옷에 시보리를 넣는 일로 쉴 새가 없었다.

어떻게 알았는지 어린 소녀가 부침개에 시원한 열무김치를 곁들여 들고 왔다. 일곱 살 난 하연이었다. 동네 처녀들은 이게 웬 떡인가 싶어 부침개 한 접시를 뚝딱 비워냈다.

"아니, 어쩜 이렇게 맛있어?"
"이 열무김치는 또 어떻고? 시원하면서도 구수하니 이상하게 맛있네. 꼬맹아, 이거 어떻게 만들었니?"

"장떡은요, 밀가루 반죽에 고추장하고 다진 마늘, 풋고추 섞어서 밥 위에 양재기째 얹어 쪄냈고요, 열무김치는 보리밥물로 담근 거예요. 밥할 때 밥물을 넉넉히 잡고, 한번 우르르 끓어올랐을 때 재빨리 물을 퍼내면 돼요. 그걸로 열무김치를 담그면 구수한 맛이 나요. 또 열무김치 담근 독을 두레박에 실어서 깊은 우물물에 담가놓으면 사나흘은 시원하게 먹을 수 있어요."

전북 익산, 아홉 남매의 막내로 태어난 하연에게는 부엌이 놀이터였고, 음식을 만드는 일이 놀이였다. 어머니가 뚜껑이 반질반질해지도록 닦는 가마솥 안에서는 오만가지 음식이 다 나왔다. 하연은 새우젓과 쌀뜨물을 넣어 쪄낸 달걀찜이며, 막 쪄낸 호박잎 위에 강된장 올린 쌈을 열심히 먹으면서 어머니의 여문 손맛을 익혔다.

초등학교 4학년에 올라가던 해, 어머니가 집을 비운 사이 큰 형부가 느닷없이 다니러 왔다. 농촌살림에 뻔한 형편인지라 내놓을 것이 없었지만, 하연은 밭에 나가 미나리며 가지를 따다가 맛난 밥상을 차려냈고, 나이든 형부는 아직도 추억담 삼아 당시 이야기를 한다.

"장금이가 따로 없었어. 고 어린것이 밥상을 차려 오는데, 이건 집사람 솜씨보다 더 좋은 거야! 아마도 손맛은 타고난 것 같아."

늘 주변 사람들에게 김치며 찬거리를 퍼주고 나눠먹는 걸 좋아했던 소녀, 이하연. 그러나 그녀가 결혼하고 아이 둘을 낳을 때까지도 평생 음식과 인연을 맺고 살게 될 줄은 까마득히 몰랐다.

오십 원짜리 만두

"여보, 아무래도 호주로 어학연수라도 다녀와야지 안 되겠어."

남편이 어렵게 말을 꺼냈다. 군무원으로 일하던 그는 해외유학을 알선하는 유학원 사업을 시작하고 싶었다. 하지만 자금은 둘째치더라도 영어만큼은 능통하게 구사하고 현지 사정도 어느 정도 파악하고 있어야 했다.

아내는 선선히 대답했다.

"그래요. 가족들 생계는 제가 책임질 테니 아무 걱정말고 다녀오세요."

아내는 부지런히 남편의 유학준비를 도왔다. 방 두 칸짜리 전셋집을 처분하고 그동안 모아놓은 돈까지 탈탈 털어 남편을 유학 보내고 나니, 수중에는 단돈 8만 원이 남았다. 스물아홉의 새댁 이하연은 아이들을 데리고 시댁이 있는 장호원으로 내려갔다.

"만두요, 속이 꽉 찬 만두가 왔어요!"

초등학교와 재래시장을 끼고 있는 골목길에 아침부터 고소한 기름 냄새가 진동을 한다. 리어카 만두 노점에서 풍겨 나오는 냄새다. 노릇노릇하게 만두를 굽는 새댁의 등에는 돌이 채 안 된 갓난쟁이가, 그 옆에는 두 살짜리 꼬마가 치마꼬리를 붙잡고 칭얼대고 있다.

그녀는 만두를 빚느라 밤을 꼬박 샜다. 시장에서 파는 냉동 만두를 사다 구워 팔면 될 것을, 굳이 밤을 새가며 직접 만들었다. 더 얇고 쫄깃한 만두피를 빚어내기 위해 수없이 테스트를 하고, 그 속에 좋은 재료를 가득 채워 넣었다. 음식장사는 첫맛이 중요하다는 생각에서다.

행인들이 발길을 멈추고 하나 둘 모여들었다. 집에서 사용하던 식용유를 들고 나와 굽는 모습이며, 한 개에 오십 원이라는 저렴한 가격, 그리고 요즘은 쉽게 맛볼 수 없는 어머니 손맛이 사람들의 눈길을 끌었다. 만두는 날개 돋친 듯 팔려나갔다.

"젊은 새댁이 대단하네. 전에 장사를 해본 적도 없는 것 같은데."

"다들 제가 만든 만두를 맛있게 먹으니까 좋은걸요."

그녀는 하루도 빠짐없이 아침 8시부터 저녁 7시까지 만두를 팔았다. 집에 들어와선 새벽 2시까지 만두를 빚었다. 단골이 늘면서 새댁의 만두 리어카는 동네 '명소'가 되었다.

어느 날 한 남자가 한참 동안 먼발치서 새댁의 만두 리어카를 훔쳐보았다. 만두는 사갈 생각이 없는지 그는 하염없이 쳐다보고만 있었다. 새댁의 남편이었다. 어느새 그의 눈에서 눈물이 흘러내렸다. 그는 리어카를 끌고 나온 아내가 너무도 안쓰러웠다. 1년 전 자신있게 자신을 보내주었던 아내. 이미 그녀는 고생 할 각오가 돼 있었던 것이다.

김치에 미치다!

1년 만에 남편이 돌아왔다. 그는 직장생활을 다시 시작했지만 이하연은 왠지 마음이 허전했다. 비록 1년이었지만 사람들에게 맛있는 음식을 팔고 맛있게 먹는 걸 보면서 기뻤던 추억을 잊을 수 없었다. 그녀는 다시 음식장사를 할 방법을 찾았다.

방을 얻고 남은 돈으로 보증금 100만 원에 월세 20만 원짜리 노점을 얻었다. 판자로 얽어 만든 4평짜리 점포에서, 이하연은 인근 봉제공장 인부들을 상대로 천 원짜리 밥장사를 시작했다.

대단한 반찬은 없었지만, 냉면 사발에 수북이 밥을 담고 금방 담근 포기김치를 쭉쭉 찢어서 얹으니 진수성찬이 따로 없었다. 항상 여분의 밥을 준비해 곡객들이 넉넉하게 먹을 수 있도록 밥 인심도 후하게 베풀었다. 밥 때가 되면 사람들이 줄을 서서 기다렸다 먹을 만큼 인기가 대단했다. 매일 하루 반 가마씩 밥을 해 나르면서 이하연은 동짓날이면 팥죽도 끓이고, 설날이면 떡국을 곁들이며 고된 노동자들의 헛헛한 속을 채워주는 일까지 세심하게 신경을 썼다.

장사를 시작한지 7년 만에 강남 중심부에 최고급 한정식 집을 열게 되었다. 하지만 개업을 하자마자 IMF라는 위기가 닥쳐왔다. 한동안 적자를 면치 못했지만, 그녀는 종업원들의 월급만큼은 꼬박꼬박 챙겼고, 직책 역시 '동네처녀' '이장' '면장' '군수'로 부르며 가족적인 분위기를 만들어갔다. 직원들은 자발적으로 월급을 10% 삭감하며 음식점을 살리기에 발 벗고 나섰다. 그녀도 특유의 별미 김치와 신선한 제철먹거리로 식단을 재정비했다. 때마침 웰빙 바람이 불면서 그녀의 음식은 입소문을 타기 시작했고, 천여만 원에 불과하던 월 매출이 1년 만에 스무 배가 넘게 치솟았다.

그러나 한창 잘나가는 음식점 여사장으로 승승장구할 즈음, 5분도 안 되는 TV뉴스 한 꼭지가 그녀의 인생행로를 바꾸어 놓았다.

"중국산 김치가 시장에 범람하고 있습니다. 여름철 고랭지 채소 재배지인 강원도 지역에 난 폭우피해로 배추와 무값이 폭등함에 따라, 값싼 재료를 쓴 중국산 김치가 시중의 음식점과 급식시설에 보급되고 있습니다."

순간 이하연은 몸이 얼어붙는 것 같았다. 김치가 대량생산된다는 것은 어쩔 수 없는 대세라고 해도, 아이들에게 중국산 김치를 먹인다니 도저히 용납되지 않았다.

'김치종주국인 우리나라 사람들이 중국김치를 먹는다는 건 말도 안 돼. 요즘 젊은 사람들은 김치도 못 담그고 패스트푸드 같은 식품에 길들여져 있는데, 더 이상 김치를 안 찾게 되면 어떻게 하지?'

김치의 맥이 끊길지도 모른다는 두려움과 조바심에 잠도 오지 않았다. 그녀의 머릿속엔 어린 시절 겨우내 맛나게 익어가던 김치의 추억이 아스라이 살아나고 있었다.

돼지고기를 가마솥에 푸짐하게 삶고 시원한 명태국을 한 솥 가득 설설 끓이는 날은, 아침부터 동네 아주머니들이 집으로 모였다. 어머니는 이미 속이 알찬 배추를 갈라 소금에 알맞게 절여 놓았다. 한쪽에선 무채를 썰고 다른 한쪽에선 갓이며 쪽파를 수북이 써는 동안 온 집안이 시끌시끌했다. 어린 하연도 그 많은 마늘이며 생강을 까서 절구에 찧었다.

겨울밤이 깊어가는 시간이면 김치광을 여는 소리가 들렸다. 동네 처녀 총각들이 밤늦게까지 사랑방에 모여 놀다가 김치를 퍼가는 소리다. 부엌 밥솥에 식은 밥이 넉넉하다는 것도 알고 오는 발길들이다. 그렇게 밤마다 김치며 밥 서리를 당해도 어머니는 모른 척했다. 그렇게 없어지는 김치 양까지 생각해서 푸짐하게 김치를 담갔던 어머니. 그게 바로 우리네 김치 인심이었다.

김치 아낙의 김치 아리랑

한번 마음을 먹으면 무슨 일이 있어도 실천에 옮기는 것이 이하연

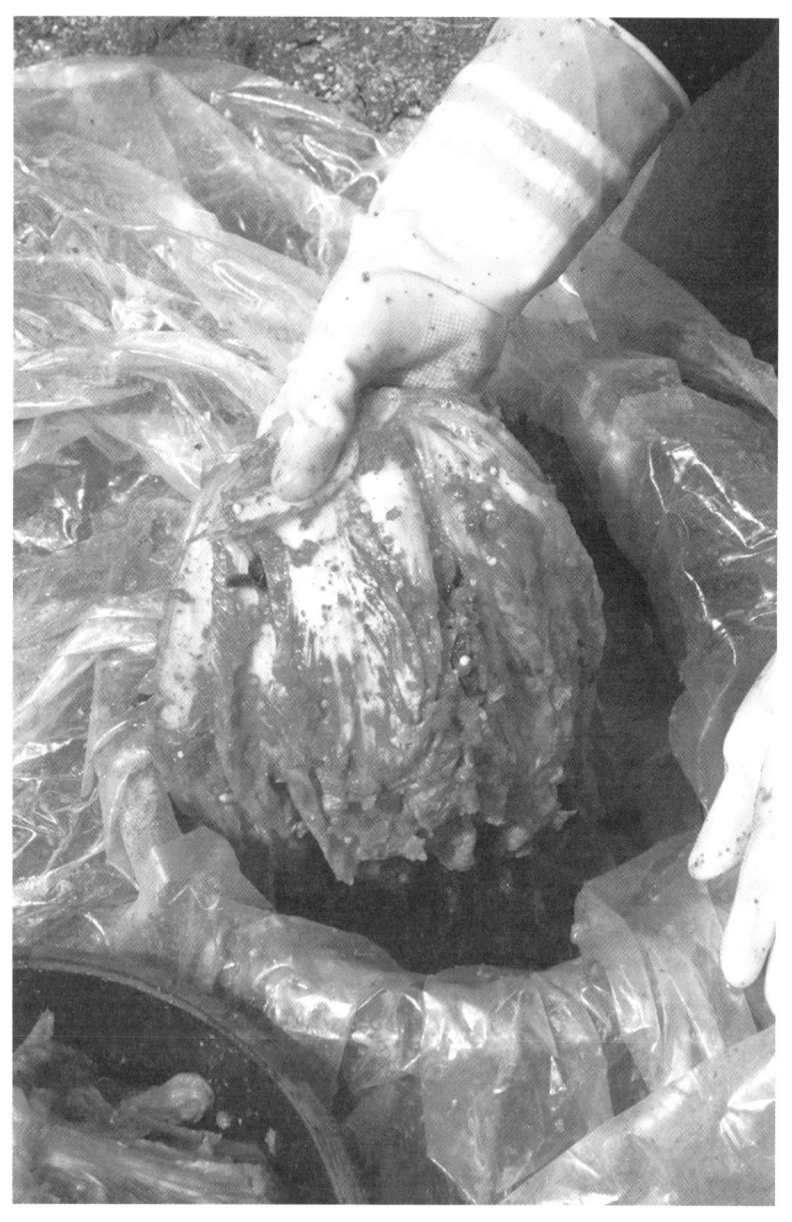

의 타고난 천성이다. 그녀는 김치에 대한 자료를 모으고 갖가지 김치맛을 찾아 전국을 돌아다녔다.

온갖 해물이 어울려 시원한 맛을 내는 해물보김치. 어슷한 칼집 사이 고운 채를 넣어 모양을 낸 궁중김치의 백미, 비늘김치. 꽃보다 아름다운 김치에서부터 서민들의 소박한 밥상을 채워주던 수수한 김치까지, 그녀는 팔도에 전해오는 삼백여 가지 김치의 비법을 찾아 배우기 시작했다. 어머니 뒤를 따라다니던 기억을 더듬어 황석어젓이며 조기젓, 새우젓, 멸치젓을 사러 서해안 포구를 모두 누볐다.

"어머니가 마늘은 동네에서 사도 젓갈은 쫓아다니며 장만했어요. 어머니를 따라 강경으로 웅포로 참 많이도 다녔죠. 어린 시절에는 풀빵 얻어먹는 재미에 다녔는데 이제야 왜 그렇게 어머니가 젓갈을 중요하게 여겼는지를 알겠더라고요."

연구를 할수록 김치만큼 과학적인 음식이 없다. 절임과 삭힘의 오묘한 조화는 백두대간에서 나는 모든 자연물을 김치로 만들어냈고, 그녀가 팔도를 돌아다니며 만난 수백 가지 김치들 속에는 지방마다 집집마다 전해 내려오는 어머니들의 지혜가 고스란히 담겨 있었다.

하지만 김치 맛의 비밀은 이제부터가 시작이었다. 어떻게 만드느냐보다 더 중요한 것이 어떻게 삭히느냐는 것이기 때문이다.

일 주일에 두세 번 이하연은 정성껏 담근 김치를 싣고 그녀만의 보물창고로 달려간다.

경기도 남양주시 덕소의 한 시골마을. 이곳에는 오백 개가 넘는 항아리들이 장관을 이루고 있다. 사방이 산으로 둘러싸여 있고 따스한 햇살이 알맞게 들어 김치를 숙성하기엔 그만인 명당 중에 명당.

전국을 돌아다닌 끝에 어렵사리 찾아낸 곳이다.

이하연은 17년간 밥장사로 번 돈 20억을 투자해 이곳에 김칫독 오백 개를 묻었다. 그러나 처음 독을 묻은 해, 그녀는 참담한 실패를 겪었다. 오백 개의 항아리 중에서 반이 넘게 금이 가면서 깨지고 말았던 것이다.

"땅이 얼었을 때 김칫독을 묻은 것이 화근이었어요. 땅이 녹으면서 항아리를 지탱하던 흙들이 무너져, 항아리에 이상이 생긴 거죠. 김치라는 것이 사람의 손끝으로만 되는 게 아니더군요. 오랜 세월과 정성이 필요하고, 땅과 공기와 물, 하늘과 자연의 도움이 필요하더라고요."

마치 자식을 쓰다듬듯 그녀는 이곳에 자신이 담근 김치를 묻는다. 땅속 김치는 시간이 지날수록 시원해지고 탄산처럼 톡 쏘는 맛을 낸다. 집집마다 담근 김장김치가 떨어질 때쯤, 이하연은 독을 헐어 한참 맛이 든 김치를 세상에 선보일 것이다.

"우리 선조들이 얼마나 지혜로운 분들이었냐면, 항아리 속 온도가 바로 김치가 맛있게 익는 온도거든요. 그게 4~8℃ 사이예요. 놀랐다니까요. 땅에 김치를 묻어놓으면 얼지 않고 일정한 온도가 유지되니까 맛이 있는 거예요. 그 기법으로 김치 냉장고가 개발되었지만, 아무래도 인위적인 것은 차선이죠. 이게 최선이에요. 공기도 맑고 바람도 불고 주변에 미생물도 있을 것 아니에요."

김치를 다 묻은 후 오백 개가 넘는 항아리에 일일이 정성들여 옷을 입힌다. 짚으로 만든 옷이다. 높이 50cm, 10줄로 나란히 덮은 짚옷은 족히 100m는 되는 듯하다. 김치가 추위라도 탄다는 것일까?

"이건 짚싸개예요. 직사광선을 막아주고 발효에 큰 도움이 됩니다. 예로부터 전해 내려오는 전통방식이죠."

이 짚싸개 역시 김치를 찾아 팔도를 돌아다니다 우연히 발견했다. 순무김치를 담그기 위해 강화로 가는 길에 한 농가 처마 밑에서 장식용 싸개를 보았다. 그때 옛날 고향에서 사용하던 짚싸개가 생각난 것이다.

다행히 수소문 끝에 짚싸개를 잘 만든다는 할아버지를 찾아냈다. 이하연은 당시 할아버지의 황당해하던 표정을 잊을 수 없다고 한다. 요즘은 아무도 찾지 않는 짚싸개를 돈을 주고 사겠다는 사람은 그녀가 처음이었기 때문이다.

짚싸개를 다 덮자 눈이 내린다. 눈을 머리에 인 짚싸개의 모양은 모두 제각각이다. 언뜻 보면 탈 같다. 화난 얼굴, 미소 짓는 얼굴, 우는 얼굴, 다양한 인간상을 보는 듯하다. 우리 아낙들의 수많은 눈물과 웃음, 삶의 희로애락을 담고 있는 밥상의 어머니는 바로 김치가 아닐까.

이하연은 요즘 이 김치 항아리들 옆에 김치박물관을 세우는 일로 분주하다. 장독대 옆에 가마솥도 걸고, 구들장이 뜨끈한 초가집 황토방도 지을 생각이다.

김치의 종류나 역사만 설명하는 박제된 박물관이 아니라, 직접 텃밭에서 푸성귀를 따다가 다듬고 절이고 썰고 버무리면서 혀끝으로 맛을 체험하는 살아있는 김치박물관을 짓고 싶은 것이다.

"가마솥에 불을 때서 밥을 짓고 메밀묵이며 도토리묵 쑤어서 김치에 싸 먹는 축제를 열 거예요. 아이들과 어른들이 모두 어울리는 김치축제가 되겠죠. 제가 그렇게 컸거든요. 그때 우리 어머니가 그러셨듯이, 찾아오는 사람들에게 따끈한 밥에 잘 익은 김치 곁들여 넉넉하게 대접하고 싶어요!"

그녀의 바람대로 이곳에 김치박물관이 문을 여는 날, 이하연은 풍악소리 속에서 신명나게 김치를 만들 것이고, 사람들은 김칫독이며 막걸리 사발에 흥겨워 절로 어깨를 들썩이게 될 것이다.

◆ 김치란?

밥이 밥상의 아버지라면, 김치는 밥상의 어머니예요. 그다지 효녀가 아니었는데도 김치를 보면 어머니 생각이 나요. 김치를 담그면서 어머니를 그리워하게 되고, 어머니가 김치 담그시던 모습과 젓갈 사러 가실 때 손잡고 따라다녔던 추억을 떠올리게 되거든요.

김치에는 어머니의 인생이 담겨 있는 것 같아요. 이제 내가 어머니가 됐고, 김치는 내 인생이 됐죠. 한 번도 김치를 만드는 일에 후회한 적 없어요. 앞으로 내가 끝까지 가야 하는 길이죠. 어머니가 아프시면 가정이 무너지는 것처럼, 김치가 무너지면 우리 밥상이 무너진다고 생각해요. 그러니 어떻게 도중에 멈출 수 있겠어요.

◆ 음식장사에 성공하려면?

고객의 입은 정직해요. 정말 제대로 된 재료를 쓰지 않으면 음식점은 1년 안에 망해요. 그건 분명해요. 음식을 만드는 사람의 적성도 중요해요. 사람을 좋아하는 성격이어야 하고, 음식을 만들어 남 먹이고 퍼주는 게 즐거운 사람이어야 해요. 외식업은 전문직이에요. 먹는장사나 시작하지라고 가볍게 생각했다면 무조건 깨져요. 그러니까 전문적으로 공부하고 연구하지 않으면 안 돼요.

4부

괴짜,
독특한 발상으로 세상에
덤벼들어라

세상에 단 하나뿐인 잔치를 열다

홈 웨딩 사업가 안경자

누구나 신데렐라가 될 수 있다

미역과 알사탕

마당 깊은 집의 추억

세상 단 하나뿐인 파티

놀라움과 감동을 선물하라

| 홈웨딩사업가 안경자 |

2000년
• 오랜만의 귀국길,
부푼 기대를 안고 왔지만,
시장통처럼 분주한 예식장
분위기에 충격을 받다!

1978년
• 재일교포와 결혼, 일본으로 건너가다.
오사카에 한식당〈아리랑〉운영.

10대 • 제주도 출생

- 정말 별천지네! 등잔 밑이 어둡다더니, 서울 시내 한복판에 이런 집이 있었다고? 멋있다. 신랑신부도 더 멋있어 보이는 것 같고……
- 그러게. 나도 이런 곳에서 다시 결혼하고 싶다!

2005년
◆ 아트 브라이덜 설립, 드라마 〈웨딩〉 장소협찬, 김희수 한복패션쇼 개최.

2007년
◆ 미국 웨딩컨설팅ABC협회 한국지부장 선임.
• 동화 속에 나오는 꿈의 결혼식, 감동과 놀라움이 가득한 파티로 틀에 박힌 우리 웨딩업계에 신선한 돌풍을 일으키다!

2001년
◆ 일본 종합 프로듀서학원 수료.
• 쉰이 넘은 나이에 웨딩 프로듀서 과정을 익히고 한국판 하우스웨딩을 꿈꾸다!

번갯불에 콩 볶아 먹듯 하는 결혼식 말고, 하객과 주인공이 교감을 나누고 진심어린 축복을 받을 수 있는 결혼문화를 만들고 싶었어요. 제가 초등학교 6학년 때, 언니가 시골집 마당에서 혼례식을 했어요. 마당에서 사람들과 음식을 나눠먹고 놀던 기억을 지금도 잊을 수 없어요. 귀한 손님들을 집으로 초대하는 우리 선조들의 결혼 문화야말로 온 동네가 떠들썩한 홈웨딩이죠.

누구나 신데렐라가 될 수 있다

경쾌한 결혼행진곡이 새소리와 어우러진다. 곧 결혼식이 치러질 모양이다. 곳곳에 아름답게 치장된 부케와 리본이 보인다. 레이스에 내려앉은 햇살이 반짝이며 부서진다. 결혼식 장소는 사방이 막힌 갑갑한 예식장이 아니다. 북한산 형제봉 너머 피어오르는 노을이 드리워진 아름다운 뜰 안이다. 인공폭포가 물안개를 뿜어내어 더욱 신비로운 분위기가 감돈다. 어쩐지 가슴 두근거리는 순간, 웨딩드레스 입은 신부가 등장한다. 결혼식의 꽃은 뭐니뭐니 해도 신부가 아닌가. 그런데 신부가 한 명이 아니다. 하나, 둘, 셋……. 전부 열 네 명의 신부가 오늘의 공주님이다.

신부들에게는 특이한 점이 또 있다. 화장으로 감추어도 굵게 진 주름이 드러나고, 드레스 사이로 불룩 나온 아랫배가 보인다. 신경 써서 매니큐어를 발랐지만 손톱은 갈라지고 거칠다. 신부는 모두 쉰을 넘긴 아줌마로, 경동시장에서 장사를 하는 상가 친목회 회원들이다. 평소에는 억척스럽기로 둘째가라면 서럽지만 오늘만큼은 수줍은 새색시다. 개중에는 솟구쳐 오르는 감격을 참지 못하고 장갑 끝으로 가만히 눈물을 훔치는 이도 있다. 수십 년간 삶에 찌들어 살면서 가슴에 묻었던 여자의 꿈이 되살아났다.

오늘 파티의 제목은 '나도 신데렐라야!'.

나이가 들었든 외모가 변했든, 여자라면 누구나 신데렐라가 될 수 있다는 게 파티의 주제다.

"아니, 이게 누구야? 내 마누라인지 못 알아봤잖아."

"꼭 하늘에서 내려온 천사 같은걸."

공주 곁에는 왕자가 있어야 하는 게 당연하다. 숱이 적은 머리지만 무스를 발라 한껏 모양을 내고 나비넥타이까지 맨 왕자들이 나타났다. 비록 밖에서는 할아버지 소리를 듣는 나이지만 오늘만큼은 청년처럼 보이고 싶은 날이다. 몇십 년 동안 살을 부대끼고 살았으나 이처럼 눈부신 상대의 모습은 처음이라 서로 감탄을 금치 못한다. 충만한 뿌듯함에 신랑신부의 얼굴에 웃음이 가시질 않는다. 평소에 무뚝뚝했던 남편의 입에서 달콤한 사랑의 밀어가 쏟아지고, 아내 역시 근사한 남편에게 새삼 반하고 만다.

"표현하지 않아도 다 알고 있어요. 당신이 날 사랑하고 신뢰한다는 걸. 나와 같이 늙어줘서 고마워요."

"우리 다른 날에 태어났지만 마지막은 꼭 함께합시다. 당신을 사랑하오."

"당신을 만난 건 최고의 행운이에요."

젊은 신랑신부처럼 수려하진 않지만 그들에겐 감히 누구도 흉내 낼 수 없는 아름다움이 있다. 그 광경을 바라보며 뜨거운 박수를 보내는 여인이 있다. 그녀는 길고긴 분홍 리본이 달린 나이프를 제일 연장자인 신부에게 건네주었다. 케이크 커팅식이 이어질 것이다. 다른 신랑신부들도 다가와 리본을 맞잡았다.

"우린 모두 신데렐라야!"

열네 쌍 커플이 동시에 리본을 당기면서 대형 케이크를 잘랐다. 팡파르와 함께 하객들의 환호와 박수가 우레와 같이 쏟아졌다. 감동과 환희의 파티였다.

이 훈훈한 파티를 만든 장본인은 이 집의 주인이기도 한 안경자씨다. 자신의 마당 안에서 벌어진 축제에 만족한 얼굴이다. 세상에 단 하나뿐인 특별한 파티로 사람들을 즐겁게 할 때 그녀 역시 가장 행복하기 때문이다.

미역과 알사탕

제주도에서 나고 자란 안경자는 어릴 때부터 사업가적 기질과 모험심이 다분했다. 열 살 무렵 그녀는 재래시장에서 해녀들을 보고 한눈에 반했다. 해녀들은 해산물을 직접 채취해 시장에 내다 팔았는데, 그 모습이 어린 안경자에게는 대단해 보였다.

"와, 부럽다. 해녀들은 돈을 척척 버는구나!"

해녀들처럼 돈을 벌고 싶은 마음에, 그녀는 어른들 몰래 그들을 따라갔다. 잠수해서 따야 하는 해삼이나 전복은 얻을 수 없지만 바다에 떠 있는 미역만으로도 충분히 돈을 벌 수 있을 거라 생각했다. 신이 난 안경자는 마음껏 미역을 따기 시작했다.

그때 별안간 폭풍이 몰아치기 시작했다. 그녀는 미역을 따는 데 정신이 팔린 나머지 주위 상황에는 아랑곳없이 자꾸만 깊은 곳으로 들어갔다. 거대한 파도가 순식간에 몸집 작은 소녀를 덮쳤고, 그녀는 그만 파도에 휩쓸리고 말았다. 한참을 떠내려 왔을까? 다행히 그녀는 파도가 잔잔해진 틈을 타서 뭍으로 올라올 수 있었다. 그 와중에도 미역 한 다발만은 꼭 쥐고 놓지 않았다.

그 시각, 그녀의 집은 발칵 뒤집혔다. 태풍이 몰아치는 바다에 미역을 따러 갔다는 누군가의 말에, 가족들은 울며불며 찾아 나섰다. 하지만 안경자는 미역을 한 광주리 들고 의기양양한 모습으로 나타났다. 그녀의 어머니는 기가 막혀 야단을 쳤다.

"아니, 거기가 어디라고 미역을 따러가? 하마터면 죽을 뻔 했잖아, 이 녀석아. 다시 또 바닷가에 혼자 나가면 혼날 줄 알아!"

그녀는 다음날 천신만고 끝에 따온 미역을 들고 장에 나가 팔았다. 그렇게 번 돈으로 알사탕 열두 개를 쥐고 집에 돌아왔다. 어린 나이에 경험한 첫 장사의 맛은 알사탕처럼 달디달았다.

안경자는 재일교포 사업가와 결혼을 하고 일본으로 건너가 살게 되었다. 그때부터 타고난 사업가 기질을 본격적으로 발휘하기 시작했다.

맨 처음 사업 아이템은 한식 레스토랑이었다. 당시만 해도 일본인들은 한국 음식을 마늘냄새 나는 매운 음식으로 푸대접하는 분위기가 팽배했다. 계속되는 불황과 광우병 파동으로 어려울 때도 그녀는 오히려 새로운 메뉴를 개발하면서 끝까지 버텨냈다. 반찬이 귀한 일본 외식업계에서 그녀는 샐러리맨을 위한 반찬이 다양한 메뉴를 개발해 성공을 거두면서 18년 동안 대규모 레스토랑을 운영했다. 아마 '그 일'이 없었다면 계속 레스토랑사업가의 길을 걸었을 것이다. 그러나 세상은 그녀가 마음 편히 사업만 하도록 놔두지 않았다.

"오! 이 녀석이 어느새 커서 결혼을 한다니. 당연히 가봐야지."

어느 날 한국에서 날아든 청첩장에 그녀는 아이처럼 기뻐했다. 절친한 친구의 아들이 결혼을 한다는 소식이었다. 바쁜 줄 알지만 꼭 참석해 주었으면 한다는 친구의 간절한 마음이 와 닿았다. 그녀는 당장 한국행 비행기 티켓을 끊었다. 친구와의 의리 때문이기도 하지만, 결혼식에 대한 기대도 컸다. 일본에서 28년이나 살았으나 결혼식에 초대받은 것은 여섯 번밖에 되지 않았다. 일본의 결혼문화는 우리와 달라서 각별하게 친한 사람에게만 초대장을 보낸다. 참석여부를 일일이 확인하여 하객의 이름표까지 만들 정도로 결혼식에 초청받는 건 특별한 일이다. 이름과 얼굴 정도만 익혀도 무조건 청첩장을 보내는 한국의 결혼 문화와는 사뭇 달랐다.

'이게 결혼식이야, 도떼기시장이야……'

예식장에 도착하자마자 그녀의 부푼 기대는 물거품이 되었다. 사람들이 몰려든 예식장은 정신없이 시끄럽고 혼잡했다. 줄을 지어 축의금을 전달한 후 눈도장만 찍고 식당으로 가버렸다. 정작 결혼식에는 하객석이 텅텅 비어 있었다. 신랑신부 외에 주례사에 귀를 기울이는 사람은 하나도 없는 듯했다. 진행요원들도 하객에 대한 배려는커녕 식을 치르는 데에만 바빴다. 사진사는 정신없이 돌아다니며 사진을 찍어댔다. 빨리 이번 결혼식을 끝내고 다음 팀을 받아야 한다는 것이었다. 도저히 한 가정을 이루는 축복의 장소라고 하기에 납득할 수 없는 광경이었다. 어이가 없어 멍하게 서 있는 그녀의 어깨를 누군가 툭 치고 지나갔다. 결혼식에는 관심 없이 밥을 먹으러 가는 사람이었다.

문득, 어린 시절 시골집에서 치렀던 큰언니의 결혼식이 떠올랐다. 결혼식은 마을 전체의 흥겨운 잔치와 다름없었다. 마당에는 어머니 정성이 듬뿍 담긴 초례상이 마련되었고, 이웃들은 함께 음식을 나눠 먹고 몇날 며칠 동안 머물며 잔치를 즐겼다. 진심을 담은 축복과 축하의 인사가 떠나지 않았다. 소녀였던 안경자는 큰언니의 고운 자태와 사람들의 기뻐하는 모습이 퍽 인상 깊었다. 얼른 커서 언니처럼 아름다운 신부가 되고 싶다는 소망을 남몰래 품었다. 그리고 이제껏 결혼식이란 모름지기 그래야 한다고 생각해왔다. 한국의 자랑스럽고 아름다운 전통은 어디론가 가버리고, 시장판 같이 요란한 결혼식으로 변질되었다는 슬픔이 그녀를 우울하게 했다.

'이건 아니야. 뭔가 잘못됐어. 내가 바꿀 수는 없을까······.'

일본으로 돌아온 안경자는 일본 종합프로듀서학원에 등록했다. 테이블 코디부터 세팅, 웨딩 연출까지 결혼에 대한 모든 것을 가르쳐주는 곳이었다. 주변 사람 모두 의아해했다. 이미 한 가지 분야에서 성공한 사람이 뒤늦게 다른 일을 배운다는 건 쉽지 않은 선택이었다. 게다가 이미 그녀의 나이는 오십 줄에 들어서고 있었다. 프로듀서 학원에는 푸릇푸릇한 이십대 초반의 학생들만 가득했다. 어머니뻘인 그녀가 자식 같은 그네들과 한 교실에서 공부하는 일은 힘들었지만, 누구보다 열심히 배웠다. 누군가 왜 고생을 사서 하느냐고 물으면 안경자는 한마디로 일축했다.

"꿈을 이루는 데 너무 늦은 나이는 있을 수 없어요."

아무에게도 말하지 않았으나, 그녀의 마음속에는 제대로 된 예식 문화를 만들고 싶다는 새로운 꿈이 피어났다. 다시는 그런 시끌벅적한 결혼식을 보고 싶지 않았다. 자기 집 마당에서 정성스럽게 결혼식을 치르던 전통을 이어가고 싶었다. 하객과 신랑신부의 교감이 이루어지는 진짜 결혼식을 자신의 손으로 만들고 싶었다.

마당 깊은 집의 추억

막상 사업을 시작하려니 막막할 뿐이었다. 한국에는 아는 사람도 없었고, 웨딩사업은 지금까지 해오던 일과 엄연히 다른 분야였다. 일단 결혼식을 올릴 장소가 드물었다. 한 번에 수백 명의 하객을 치를 만한 넓은 마당을 어디 가서 구할 수 있을까.

안경자는 직접 마당 있는 집을 마련하기로 결심하고, 서울 근교를 뒤지기 시작했다. 당시 웨딩문화의 중심지였던 강남 일대에서부터 분당과 일산까지 마당 넓은 집은 죄 찾아다녔지만, 그녀가 찾는 집은 없었다. 대부분의 집들은 공간만 있을 뿐, 잔치 분위기를 내기에 부족한 점이 많았다.

그렇게 1년을 찾아 헤매던 차에 마침내 눈에 들어오는 집이 있었다. 평창동 꼭대기에 앉은 단독주택. 그곳은 북한산 형제봉을 제집 정원인 듯 안고 있었다. 사계절이 흐르는 자연 속에 들어앉은 집이었다. 그녀가 생각하는 예식장소로 안성맞춤이었다.

안경자는 당장 그 집을 10년 장기 임차계약을 하고, 예식장소에 걸맞게 리모델링을 했다. 붉은 벽돌 외벽은 그대로 살려 편안한 분위기를 유지하고, 4층 규모의 건물 내부는 유럽풍 고급 저택으로 완전히 바꾸었다.

오랜 공사가 끝나고, 드디어 우리나라 최초의 '하우스웨딩' 전문 예식장이 문을 열었다. 그러나 막상 오픈을 했어도 찾아오는 사람이 없었다. 한 달에 한 건 결혼식을 치르기도 힘들었다. 기존 웨딩문화에 익숙한 사람들의 인식을 바꾸기에는 시기상조였다. 뿐만 아니라 이제껏 웨딩홀이나 호텔에서만 근무했던 직원들은 그녀가 주장하는 독특한 웨딩 개념을 이해하지 못했다. '하우스웨딩' 혹은 '홈웨딩'이라는 단어조차 생소해했다. 그녀는 사막 한 가운데 나무를 심는 심정으로 일일이 모든 것을 설명해야 했다. 식장에 단상을 들여놓으려는 직원들을 제지하며 그녀는 하객들과 신랑신부의 눈높이를 맞춰야 한다고 말했다. 그래야 모두 함께 어우러지는 잔치가 된다며 단상을 치우라고 지시했다. 이렇게 직원들조차 어리둥절한데 과연 일반인들의 마음을 열 수 있을지 막막할 따름이었다.

기다림의 시간은 그리 오래 지속되지 않았다. 획일적인 결혼식에 싫증이 난 사람들이 하나 둘씩 찾아와 결혼식을 치렀고, 금세 입소문이 나기 시작했다. 하우스웨딩을 경험한 사람은 모두 홍보대사가 되었다. 곧 결혼식뿐 아니라 돌잔치, 칠순잔치 장소로도 이 집을 사용하고 싶다는 사람들이 줄을 서기 시작했다. 드라마의 촬영지로도 인기였다. 〈파리의 연인〉이나 〈웨딩〉, 〈불량커플〉 등에서 등장한 이 집은 요즘 일본의 한류 관광객들이 찾아오는 관광코스로도 유명하다.

누구에게나 마당 깊은 집에 대한 추억이 있다. 콘크리트로 둘러싸인 아파트가 아닌 흙냄새, 바람 냄새, 풀냄새 나는 단독주택. 이제 그런 집에서 살지는 못한다 해도 일생에 단 한 번뿐인 특별한 행사만큼은 그런 곳에서 소중하게 치르고 싶은 것이 사람들의 마음이다. 붕어빵을 찍어내듯이 정신없이 치러지던 우리의 잔치가 그녀의 손을 통해 조금씩 변해가고 있는 것이다.

세상 단 하나뿐인 파티

지금은 11월까지의 결혼식 예약이 6월에 마감될 정도로 찾는 사람이 많아졌다. 그럼에도 그녀는 이곳에서 하루에 단 한 쌍의 신랑신부만이 결혼식을 치른다는 원칙을 고수한다. 신랑신부와 하객들이 여유롭게 식을 즐길 수 있게 배려하는 것이기도 하지만, 또 다른 이유도 있다. 이곳이 신랑신부의 사연과 테마에 따라 전혀 다른 분위기로 연출되기 때문이다.

어느 주말, 결혼식을 준비하던 안경자가 문득 하늘을 올려다보았다. 야외 결혼식에서 가장 신경 쓰이는 복병은 바로 느닷없이 몰아치는 비!

결혼식이 시작되기 세 시간 전, 아니나 다를까 비가 부슬부슬 떨어졌다. 비가 올 경우를 대비해 결혼식을 진행할 수 있는 실내 공간도 마련했지만, 그녀는 계획을 수정하기로 했다.

"그래! 이번에는 '쉘부르의 우산' 이야! 이봐, 차양 준비해!"

그녀는 과감히 우산을 테마로 야외 결혼식을 감행했다. 축복처럼 촉촉이 내리는 빗속의 결혼식은 색다른 감동을 불러일으켰다.

처음 예비부부를 접하는 순간부터 그녀의 수첩에는 수많은 정보가 입력된다. 그녀는 마치 연극을 무대에 올리는 연출가처럼 남녀 주인공을 사전에 다섯 번 이상 만나 그들의 러브스토리, 취미, 결혼식에 초대받은 하객의 규모와 성격을 세심하게 분석한다. 신랑신부의 개성에 맞춘 테마를 만들어내기 위해서다.

특별한 이벤트를 위해 두 사람이 들어갈 수 있는 대형 풍선이 등장하는가 하면, 술을 좋아한다는 신랑의 특성에 맞춰 '근호, 윤경, 그리고 소주'라는 주제로 재미있는 결혼식이 탄생하기도 했다. 등산을 좋아하는 부부를 위해서 하객들이 모두 등산복을 입고 결혼식에 참석하는 재미있는 광경도 벌어졌다.

테마는 주인공마다 다르지만 일관된 흐름이 있다. 놀라움과 감동! 그것은 환희에 가득 찬 놀라움이다. 그녀의 머릿속은 24시간 늘 색다른 파티의 아이디어를 고민하느라 바쁘게 움직인다. 하지만 아이디어만으로 감동을 불러일으킬 수는 없는 법. 그녀의 손발은 머리보다 더욱 바쁘게 움직인다.

놀라움과 감동을 선물하라

일 주일에 한 번, 안경자는 새벽 여섯 시에 양재동 꽃시장으로 간다. 그녀는 좁은 골목을 누비며 갖가지 소품들을 골라낸다.

"하얀 종이 감은 철사는 중간 굵기로 한 묶음 주세요. 흰색 분홍색 꽃잎은 한 봉지씩 주시고요. 오아시스는 색깔별로요."

도무지 용도를 알 수 없는 소품들을 한아름 사들고 그녀는 회사로 돌아왔다. 소품들을 사무실 한 가운데에 펼쳐놓더니 뭔가를 만들기 시작한다. 종이철사를 익숙하게 놀리는가 싶더니 이내 거짓말처럼 소담한 국화 한 송이가 피었다. 이번에는 꽃잎을 둥그런 원통 모양으로 붙였다. 꽃잎들은 금세 작은 웨딩드레스로 모습을 바꾸었다. 그 위에 한지로 된 면사포를 씌우고 나니 단장을 끝낸 신부의 수줍은 미소가 모습을 드러냈다.

어느새 데스크의 여직원도, 서빙을 하던 젊은 남자직원도 조물조물 꽃을 만들었다. 사무실은 금세 동화 속에 나올 법한 예쁜 소품들로 가득해졌다.

이렇게 만든 소품은 결혼식의 장식품이 되기도 하고, 신랑신부나 하객들에게 선물하기도 한다. 형식적으로 나눠주는 기념품이 아니라, 정성이 가득한 특별한 선물이 되는 것이다.

정성이 가득한 결혼식이 끝나고 나면 신랑신부는 그녀에게 달려와 고마운 마음을 전한다.

"제가 꿈꾸던 결혼식이었어요. 정말 감사해요!"

"앞으로도 예쁜 사랑 잘 키워야 해. 잘살아!"

신부의 손을 맞잡은 그녀의 손에는 신부를 꼭 닮은 종이인형이 있었다. 신부를 생각하며 틈틈이 만든 그녀의 특별한 선물이다. 그녀는 아무리 힘들어도 자기가 준비한 결혼식에 감동하며 신혼여행을 떠나는 신부의 모습을 보면 쌓인 피로가 풀린다고 한다.

"저는 사업을 통해 이미 소중한 사람들을 많이 얻었어요. 돈은 그

다음이죠. 이거야말로 다른 일을 통해서는 얻을 수 없는, 이 일만의 기쁨이에요!"

안경자의 명함에는 아트 브라이덜 컨설턴트라는 직함이 적혀 있다. '아트 브라이덜'이란 말에는 결혼식을 하나의 예술로 만들겠다는 의지가 담겨 있다. 그녀가 새 출발을 하는 사람들을 축복하기 위해 준비하는 또 다른 '예술작품'은 어떤 것일까 궁금해진다. 학창시절 가슴 설레며 빠져들었던 로맨스 소설처럼, 로맨틱 드라마에서 화려하게 피날레를 장식하는 웨딩파티처럼, 그녀는 일생에 단 한 번뿐인 놀라움과 감동을 사람들에게 안겨주고 있다.

◆ **파티에서 가장 중요한 것**

결혼식을 비롯해서 돌잔치, 회갑연 등 거의 대부분의 잔치는 천편일률적으로 이루어져 끝나고 나면 공허합니다. 그 속에 이야기가 없기 때문이죠. 파티는 주제와 내용이 있어야 하고 사람들이 즐거워야 합니다. 비록 하루일지언정 무대의 주인공이 되어 하이라이트를 받으며 왕과 왕비가 될 수 있도록 해야 합니다. 그러려면 저마다 개성 있는 주인공에게 맞춘 이야기, 즉 테마가 필요합니다. 각 테마는 주인공마다 다르면서도 하나의 일관된 흐름이 있는데, 바로 서프라이즈, 놀라움이죠. 그건 환희에 가득 찬 놀라움입니다. 그런 감동과 놀라움이 어우러진 웨딩문화를 한국에 뿌리 내릴 수 있다면 이 세상에 왔다간 보람이 있지 않겠어요?

◆ **나의 원동력**

열정과 포기하지 않는 마음이죠! 아무리 어려운 상황에 놓여도 포기하지 말자고 스스로 다짐을 하죠. 또 하나는 좋은 사람들과의 인연입니다. 결혼식을 치르고 돌아가는 신랑신부들이 나를 부둥켜안으며 고마워하고, 전 직원에게 선물을 보내오는 일도 있어요. 그럴 때면 그동안의 피로가 싹 가십니다. 웨딩 사업을 통해 나는 돈을 벌기 이전에 벌써 사람을 벌고 있는 거죠.

핑크빛 트럭에
꿈을 싣고
패션사업가 김효신

별난 트럭 '핑순이'

영광의 상처

하루 방문객 10만명

웃음이 묻어나는 액세서리

골수팬을 감동시켜라

| 패션사업가 **김효신** |

2002년
◆ 유아복업체 액세서리 소품 디자이너로 근무.
• 일본 출장길에서 최신 패션트렌드를 만나다.

2000년
◆ 의상디자인과 입학.
• 부산으로 유학, 심심풀이로 가방이나 휴대폰 케이스를 만들어 팔다.

10대
• 남해의 끝, 경상남도 거제도 섬에서 태어나다.

- 아주머니! 이 귀걸이 한쪽은 헤드폰 모양, 한쪽은 카세트테이프 모양으로 해주시면 안 돼요? 언밸런스하게. 양쪽이 똑같으면 재미없잖아요.
- 그럼 그렇지. 그냥 넘어갈 리가 없지. 도대체 그냥 쓰는 법이 없다니까.

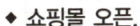

2005년

◆ 쇼핑몰 오픈.
• 트럭을 몰고 다니는 20대 여사장,
  핑크 열풍을 일으키다!

2004년

◆ 핑크트럭을 몰기 시작.
• 서툰 운전솜씨에
  주차단속, 노점단속으로
  힘겨운 나날들.

2007년

◆ 오피스숍 오픈.
• 핑크트럭은 이제
  온라인과 매장,
  트럭까지 전천후
  패션 쇼핑몰로
  거듭나는 중!

적당히 멋지고 적당히 예쁜 이 병뚜껑. 구멍을 뚫고 옷핀을 끼우고 하얀 진주를 달아주면, 찌그러지고 버려진 이 아이도 멋진 아이로 탄생할 수 있습니다. 핑크트럭도 마찬가지고요.

별난 트럭 '핑순이'

"부릉부릉! 띠띠-"

홍대 앞 거리에 별난 트럭 한 대가 경쾌한 경적소리와 함께 들어선다. 차 몸체는 물론 천막, 카시트, 운전대까지 온통 분홍색으로 치장을 한 핑크트럭. 핑순이라는 애칭으로 불리는 이 트럭은 패션피플들이 몰려드는 이곳에서도 터줏대감 노릇을 하는 명물이다. 매일 오후 5시면 어김없이 이곳에 출근도장을 찍는 트럭 안에 뭐가 있을까? 궁금해지지 않을 수 없다.

핑순이의 주인 김효신 씨가 천막을 걷는다. 그야말로 별천지가 펼쳐진다. 트럭을 닮아 귀엽고 앙증맞은 액세서리들! 업어가고 싶을 만큼 이색적인 소품들로 가득하다. 아직 진열되지 않았는데도 지나가는 사람들은 벌써부터 트럭을 힐끔거린다. 드디어 개점시간, 오후 다섯 시가 되었다. 트럭노점이 문을 열자 사람들은 문전성시를 이룬다.

"예쁘다! 완전 귀엽다!"

"언니, 이거 까만색은 없어요?"

처음엔 핑크색 트럭을 쳐다보다가 어느새 톡톡 튀는 액세서리에 눈을 빼앗기고 만다. 보물찾기를 한들 이보다 재미있을까?

"기분이 너무 좋아졌어요. 저는 디테일한 액세서리를 좋아하는데, 이 귀고리를 보면 한쪽은 자물쇠나 전화기로 되어 있거든요. 이렇게 세밀하고 꼼꼼하게 장식이 살아 있는 건 흔치 않죠."

최소한의 비용으로 최대한의 효과를 내는 패션아이템이 바로 액세서리다. 다른 사람들과 비슷하거나 평범한 스타일의 옷을 입었어도 제대로 된 액세서리 하나면, 얼마든지 특별한 분위기를 낼 수 있기 때문이다. 그런 만큼 손님들의 취향과 입맛도 까다롭기 마련인데, 김효신은 특유의 눈썰미와 패션감각으로 젊은 패셔니스트들의 마음을 사로잡는 액세서리들을 잘도 찾아낸다.

"언니, 스필버그 감독이 만든 영화에 클럽의 사이키 조명처럼 생긴 액세서리들이 많이 나오던데……. 그런 건 없어요?"

"지금은 없는데. 영화에 그런 게 나와요?"

"〈트랜스포머〉에요. 요즘 거기 나오는 장난감도 인기예요."

"아, 생각나요. 주인공 차 안에 달려 있던 미러볼 말이죠? 정말 그런 걸로 귀고리를 만들어도 예쁘겠네."

트럭에는 재미있는 손님들이 많이 찾아온다. 그들은 한바탕 액세서리 얘기로 웃고 떠들다 보면 어느새 핑크트럭의 골수팬이 된다.

이동성이 좋은 트럭과 튀는 색깔을 결합해 자신만의 독특한 매장을 만들어낸 핑크트럭의 주인 김효신. 그녀는 이제 두 평짜리 트럭 노점상이 아니라, 온라인 쇼핑몰과 오피스숍, 핑크트럭을 운영하는 어엿한 패션사업가가 되었다.

영광의 상처

한참 손님들이 보물찾기에 바쁠 즈음, 때아닌 복병이 나타났다. 아침부터 오락가락하던 빗방울이 점점 굵어지기 시작하더니 한바탕 쏟아 부을 태세다. 갑자기 김효신의 손놀림이 바빠진다. 아무리 장사가 잘 된다 해도 비가 오면 장사를 접을 수밖에 없다. 잘못하면 섬세한 금속장식이 달린 액세서리들을 못쓰게 될 수도 있다.

김효신은 황급히 트럭을 몰고 자리를 떠난다. 정차했을 때는 표나지 않는데, 일단 움직이면 핑순이의 상태가 심상치 않다. 겉은 예쁘지만 속은 고물 중의 고물이다.

"가끔 핑순이가 저를 당황시켜요. 와이퍼가 부러지지를 않나, 백미러가 구부러지지 않나. 또 소리는 어찌나 시끄러운지. 시동은 심심하면 꺼지기가 일쑤고요. 얘는 아무리 속력을 내도 시속 100킬로를 넘기지 못해요. 하지만 약간은 모자란 듯한 핑순이가 너무 사랑스러워요. 완벽하면 재미없잖아요."

그녀가 핑순이에게 소홀할 수 없는 데는 이유가 있다. 혈혈단신 혼자서 헤쳐 나갈 때 유일하게 그녀와 함께한 친구이기 때문이다.

거제도가 고향인 김효신은 부산에서 혼자 자취생활을 하며 대학을 다녔다. 패션디자인을 전공하던 그 시절, 친구들과 심심풀이로 가방이며 휴대폰 케이스를 재봉틀로 박아 만들었다. 그녀는 직접 만든 물건을 거리로 가지고 나가 팔았다. 되돌아보면 핑크트럭의 아이디어는 그때 싹튼 것이다.

김효신은 대학을 마치고 좀 더 넓은 세상에서 멋진 디자이너가 되고 싶었다. 무작정 서울생활을 시작했지만, 비싼 학원비를 감당하려면 고시원에서 생활하며 닥치는 대로 아르바이트를 해야 했다. 그래도 하고 싶은 일을 한다는 생각에 힘든지도 몰랐다. 얼마 후 그녀는 유아복업체의 소품디자인 담당으로 일하게 되었다. 하지만 일본출장을 다니거나 최신 패션트렌드를 접할 기회는 많아도 늘 아쉬움이 남았다. 그녀는 무엇보다도 자신이 원하는 스타일의 패션아이템을 만들고 싶었다.

결국 직장을 그만두고 본격적으로 사업구상에 들어갔다. 처음에는 액세서리를 디자인해서 내다 팔 요량으로 구상을 시작했지만, 자본과 경험이 부족한 터라 선뜻 결정을 내릴 수 없었다. 그때 우연히 일본 잡지에서 눈에 띄는 아이템을 발견했다. 트럭을 개조해서 가방을 파는 사람들의 기사였다. 하얀 트럭에 문양을 찍은 특이한 트럭 마켓.

'온통 분홍색으로 꾸며놓은 트럭 안에 아기자기한 액세서리가 있다면 얼마나 예쁠까? 일단 트럭만으로도 사람들의 시선을 끌 수 있을 거야.'

경험도 조언자도 없이 오직 아이디어 하나만 있었다. 김효신은 석 달 동안 자료를 수집하고 시장조사를 하면서 중고자동차 시장으로 트럭을 보러 다녔다. 운전도 할 줄 모르고, 차에 대해 아는 것도 없어서 무조건 가격에 맞고 마음에 드는 트럭을 골랐다. 그녀는 95년식 라보 트럭을 67만 원에 덜컥 산 후 대대적인 핑크 리모델링에 들어갔다. 몸체는 핑크색으로 도색하고, 천막은 분홍색 물방울 무늬로 꾸몄다. 이것 역시 아는 사람의 소개로 백만 원이 채 들지 않았다.

김효신은 그제야 운전을 배우기 시작했다. 처음 신청했던 2종 보통면허를 1종 면허로 바꾸고 운전연습에 들어갔다. 어렵사리 면허는 취득했지만 생초보 운전자가 마땅한 주차공간도 없는 노점트럭을 운전하는 건 쉽지 않은 일이었다. 꿈에 부풀어 트럭을 몰고 나가서는 접촉사고를 내는 일도 많았다. 시도 때도 없이 닥치는 노점단속과 주차단속도 그녀를 힘들게 했다. 뿐만 아니었다. 트럭을 주차하기만 하면 비슷한 업종의 근처 상인들이 노골적으로 항의를 해왔다. 그야말로 산 넘어 산.

반 고물이었던 핑순이의 몸도 온전할 리 없었다. 아직도 핑순이에게는 그녀의 어려웠던 시절을 고스란히 견뎌낸 '영광의 상처'들이 남아 있다.

하루 방문객 10만 명

김효신이 월드컵 경기장을 찾았다. 인터넷 사이트에 올릴 사진촬영 장소를 물색하다가 이곳을 선택했다. 액세서리를 촬영하는 데 웬 야외촬영인가 싶지만, 상품 속에 재미있는 이야기까지 담고 싶은 것이 김효신의 욕심이다. 사업 초기부터 단 한 장의 사진에도 무조건 스토리를 넣었다. 그녀의 철칙이랄 수도 있겠다.

모델도 김효신도 모두 들뜬 표정이다. 민들레 홀씨를 호호 불며 마음껏 잔디밭을 뛰어다니는 천진난만한 모습을 카메라에 담는다.

"어, 내 다리 근육······. 이거 어떻게 할 거야. 근육 때문에 발찌가

하나도 안보이네?"

농담을 주고받으며 즐겁게 사진을 찍는다. 멋있는 포즈보다는 자연스러운 모습을 담아야 반응이 좋다.

"이번에는 가위바위보로 계단 오르기를 해볼까? 진 사람 팔뚝 때리기다!"

카메라 렌즈에는 콘셉트에 딱 들어맞는 귀엽고 발랄한 포즈들이 잡힌다. 김효신이 생각하는 액세서리의 진정한 매력은, 생활 속에서 작은 즐거움과 유쾌함을 주는 것이다. 사진을 사이트에 올리는 방식도 여느 쇼핑몰과는 사뭇 다르다. 혼자만의 일기를 쓰듯 친구에게 편지를 보내듯, 감각적인 사연을 곁들인다. 병따개를 모티브로 한

귀걸이에는 이런 사연이 달려 있다.

"적당히 멋지고 적당히 예쁜 이 아이. 찌그러진 것도 서러운데 버려지기까지 하면 너무 미안하잖아요. 병뚜껑 녀석, 우리가 다시 재탄생시켰어요! 구멍을 뚫고 옷핀을 끼우고 달랑달랑 하얀 진주 친구도 달아주고. 미안해, 찌그러진 건 펴주지 못했어. 하지만 그래서 더 예쁘다고. 이름은 뭘로 지을까? 파아란 병뚜껑 비비안. 그래, 그게 좋겠다. 비비안 핑!"

독특한 스토리는 쇼핑몰이라기보다는 미니홈피 같은 느낌이 들게 한다. 가끔은 크레파스로 직접 그린 그림을 함께 올리기도 한다. 사업초기 미니홈피의 일촌 친구들에게 재미삼아 캐릭터를 그려주던 것이 이제는 그녀만의 취미생활이 되었다.

지금의 그녀가 있게 된 건 미니홈피 덕분이다. 그 바람에 그녀를 소재로 드라마가 만들어질 만큼 유명해졌다. 지금은 다소 열기가 식었지만, 당시만 해도 '폐인'이라는 신조어가 만들어질 만큼 큰 인기를 누렸다. '핑크색 트럭을 몰고 다니는 20대 여성'이라는 소개 문구가 독특해서였을까? 김효신이 우수 운영자로 소개되자, 단 하루 만에 무려 10만 명이 그녀의 사이트를 방문했다. 핑크트럭의 열풍은 네티즌 사이에서 입소문을 타고 급속히 번져나갔다. 내친김에 자신의 카페를 만들어 미니홈피의 즐겨찾기와 연계시키기도 했다. 제품을 구입하고 싶다는 네티즌들의 쪽지가 이어졌고, 생각지도 않은 온라인 판매가 시작됐다.

핑크트럭이 히트를 친 후, 아류 핑크트럭이 전국적으로 생겨났다. 하지만 그들이 원조 핑크트럭의 아성을 넘지 못하는 것은 그녀만의 개성 넘치는 아이템은 물론, 온라인과 오프라인을 넘나들며 독특한 마케팅을 펼치는 그녀의 노하우까지 흉내 낼 수 없기 때문이다.

웃음이 묻어나는 액세서리

남대문시장은 우리나라의 모든 액세서리들이 모이는 총집합소다. 김효신은 지난 3년을 하루같이 문턱이 닳도록 이곳을 드나들었다. 늘 새롭고 색다른 아이템을 찾아 헤매는 일은 김효신의 가장 중요한 일과 중 하나다.

다른 패션아이템에 비해 종류와 색깔이 다양한 만큼, 베테랑인 그녀도 매번 선택하는 게 쉽지 않다. 호피 모양 손지갑 앞에서 20분, 헤드폰 모양 귀걸이 앞에서 30분. 하지만 그저 망설이는 게 아니다. 그녀의 머릿속에서는 새로운 변형 아이디어가 빠르게 스쳐가는 중이다. 마음에 드는 아이템을 어렵게 고른다 해도, 그것은 시작일 뿐이다.

"아주머니! 이 귀걸이요, 양쪽을 언밸런스하게, 하나는 헤드폰 모양으로, 하나는 카세프테이프 모양으로 해주시면 안 될까요? 양쪽을 똑같이 하면 재미없을 것 같아요."

"그럼 그렇지. 그냥 넘어갈 리가 없지. 도대체 그냥 쓰는 법이 없어요. 저렇게 항상 아이디어를 갖고 온다고."

주인아주머니는 싫은 소리를 하면서도 늘 새로운 아이디어를 내놓는 그녀가 밉지 않은 표정이다. 그녀가 원하는 아이템은 예쁘기도 하지만 사람들을 웃음 짓게 할 만큼 재미있다. 화려하고 값비싼 보석이 아니더라도 즐거움과 웃음을 줄 수 있다면 이미 좋은 액세서리가 아닐까.

"기존에 나온 상품보다 소장가치도 있고 특별해 보이는 아이템이면 좋겠어요. 시중제품에 변형을 주거나 다른 디자인을 가미하면, 전혀 다른 느낌을 주죠."

보통사람들은 액세서리 상가만 둘러봐도 머리가 아플 텐데, 김효신의 발걸음은 어느새 생활소품을 파는 골목으로 총총히 이어진다. 손바닥만한 미니칠판에 권투 글러브 모양의 안마기, 맥주병 모양의 전화기까지, 굳이 액세서리가 아니라도 재미있는 물건만 보면 그녀는 장난기가 발동한다.

"여보떼요, 혀가 꼬였다고요? 맥주 전화기로 전화하니까 혀가 꼬이네."

그녀는 평생 액세서리들을 보고 만지면서 살고 싶은 마음에 이 일을 시작했단다. 그러니 그녀의 시장보기는 일이 아니라 재미있는 놀이일 것이다.

골수팬을 감동시켜라

핑크트럭을 찾는 사람들이 많아지면서, 얼마 전 작은 공간을 마련했다. 사람들이 드나드는 거리의 핑크트럭과는 달리 이곳은 간판도 없고 찾기도 쉽지 않다. '에어콘 씨 돌아갑니다!'하고 손으로 쓴 안

내문구만이 그녀의 사무실임을 알 수 있게 한다. 이곳은 액세서리를 직접 사고 싶은 사람들이 찾아와 걸쳐보기도 하고 수다도 떨 수 있는, 핑크트럭 골수팬들의 아지트다.

"의류매장들이 목 좋은 곳을 선호하지만, 감춰진 공간에 은밀히 꾸며서 보여드리는 것도 좋을 것 같았죠."

안 그래도 아기자기한 액세서리가 가득한 사무실인데, 김효신은 분홍색 풍선을 잔뜩 불어서 천장에 매달아놓았다. 마치 순정만화에나 나올 법한 핑크왕국이다. 사무실을 장식하는 데 그치지 않고 음식까지 장만한다. 무슨 일이 있는 걸까?

"오늘 사무실에서 우리 핑트(핑크트럭의 애칭) 골수팬들의 작은 파티가 있을 거예요. 그냥 맛있는 음식도 먹고, 예쁜 걸 서로 나눠보는 자리죠."

하나 둘 모여드는 핑크 골수팬들은 하나같이 어딜 내놔도 눈에 띌 만큼 개성이 강한 패션리더들이다. 하지만 파티는 요란하지도 뻑적지근하지도 화려하지도 않다. 누가 주인이고 누가 손님인지 구별이 안 될 만큼 편안하고 소박한 분위기다.

그도 그럴 것이 사무실 직원으로 있는 미미양도 원래 골수팬 출신이고, 3년 골수팬인 리나양도 마치 제집처럼 이곳 사정을 훤히 꿰뚫고 있다.

"새로운 병뚜껑 귀걸이 시리즈가 나왔네. 나는 이렇게 찌그러진 게 훨씬 더 좋더라. 왠지 빈티지스럽고 재밌잖아?!"

공통 관심사로 만나는 자리다 보니, 모두들 좋아하는 스타일에 대해 이야기하고 서로 꾸며주는 '놀이'를 즐기느라 시간가는 줄 모른다. 손님과 주인으로 만났지만 이제는 옷을 나눠입는 자매들처럼 막역한 사이가 됐다. 이들은 모두 오래된 단골 골수팬들이다. 전체 매출의 70~80%도 이러한 골수팬들에 의해 이뤄진다. 그녀가 반짝 나타났다 사라지는 트럭노점상이 아니라, 젊은이들 사이에서 새로운 패션아이콘으로 주목을 받고 있는 것도 이들이 있기 때문이다.

아직은 자신의 눈썰미와 감각에 의존해 물건을 사다 팔지만, 김효신은 곧 자신만의 색깔을 가진 패션 브랜드를 만들 계획을 꾸린다. 아직 젊기에 그녀의 핑크빛 꿈은 현재진행형이다. 꿈을 이루는 그날까지 김효신의 핑크트럭은 오늘도 힘차게 거리를 종횡무진 누빈다.

◆ 핑크트럭은 어떤 존재?

처음엔 매일 다른 하루하루를 살아보고 싶어서 시작했어요. 정말 잘할 수 있고 즐길 수 있는 걸 찾다가 핑크트럭을 생각해낸 거죠. 핑크트럭은 제 열정과 땀과 노력이기도 하지만 제 미래를 싣고 달리는 분신이기도 해요. 남들이 보면 심하게 낡은 트럭에 불과할지 몰라도 제겐 핑순이가 너무도 고마운 존재예요. 차 좀 바꾸라는 잔소리를 많이 듣지만 그래도 핑순이를 버릴 순 없죠.

◆ 핑크트럭과의 가장 잊지 못할 에피소드

가장 힘들었던 건 처음에 무턱대고 트럭을 사놓고 운전이 서툴렀을 때였어요. 하지만 지금은 한 손으로도 핸들을 막 돌리고, 운전하면서 문자메시지를 보낼 수도 있어요. 물론 다른 분들은 절대로 그러지 마세요. 위험하니깐.

◆ 앞으로의 바람

제가 하는 일에 끊임없이 열정을 가지는 것이에요. 열정이 식으면 일도 잘 안 되고, 주변환경도 안 따라주죠. 제가 하고 싶은 일을 끊임없이 고민하고, 마음의 지도를 따라가는 그런 여행을 계속하고 싶어요.

음식문화군단
100만양병설 식문화사업가 조태권

술독에 빠진 사나이

버스보이 조

아버지의 이름으로

그릇에 담긴 문화까지 수출하라

| 식문화사업가 조태권 |

1974년
- 1974년 (주)대우 근무.
- 1983년 무역상 운영.

1970년
- 미국 미주리 주립대학 공업경영학 전공.
- 고학을 하며 철들기 시작. 이때 얻은 자신감이 그의 인생에 큰 밑거름이 되다.

10대
- 일본 외국인 학교 졸업.
- 공부에는 관심 없던 문제아였지만, 일본 유학생활을 통해 새로운 문화 충격에 휩싸이다.

옷보다 사람이 중요하다고 생각하듯이, 음식도 그릇보다 맛이 더 중요하다고 생각했습니다. 하지만 곧 그릇과 음식은 떼려야 뗄 수 없는 관계라는 것을 깨닫게 되었습니다. 자신이 만든 요리에 맞추어 그릇의 재질과 형태, 색깔까지 디자인할 수 있는 사람만이 최고의 음식을 만들어 낼 수 있다고 생각합니다.

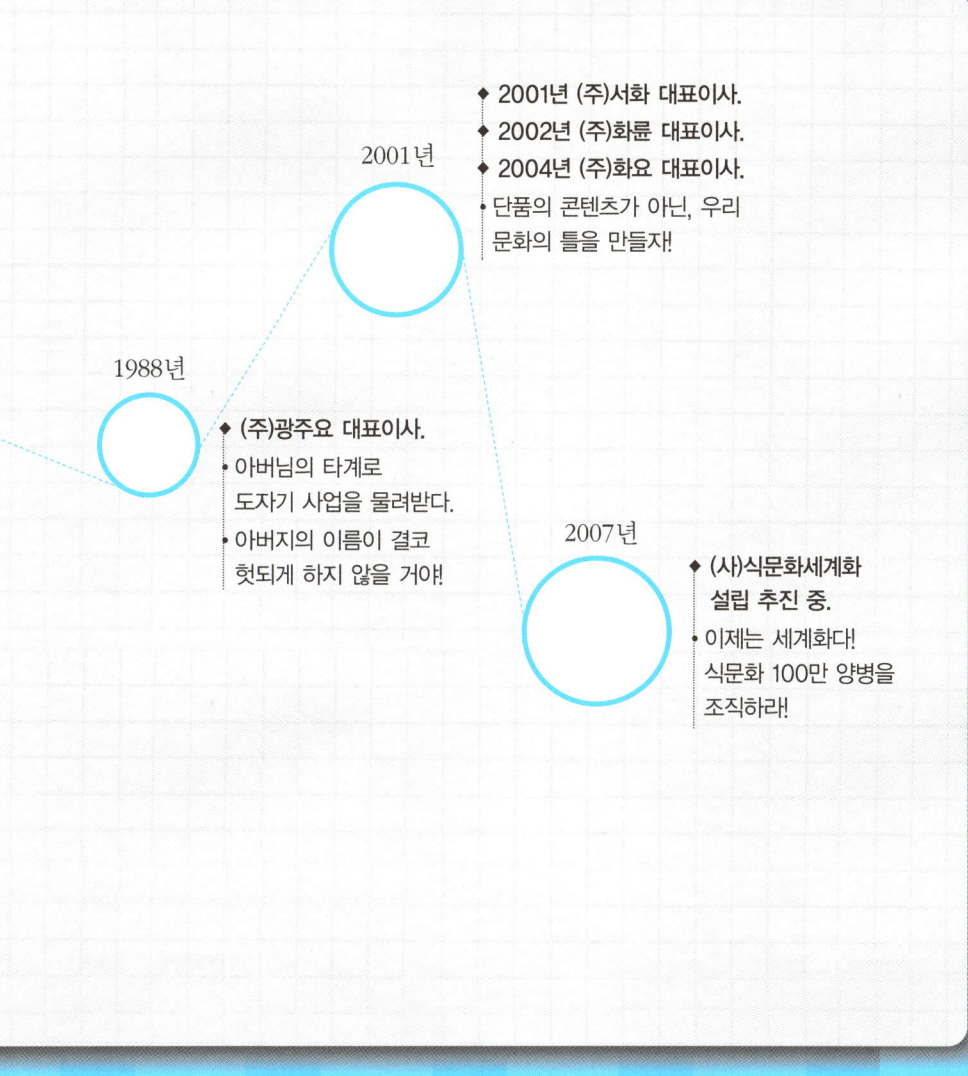

2001년
- ◆ 2001년 (주)서화 대표이사.
- ◆ 2002년 (주)화륜 대표이사.
- ◆ 2004년 (주)화요 대표이사.
- 단품의 콘텐츠가 아닌, 우리 문화의 틀을 만들자!

1988년
- ◆ (주)광주요 대표이사.
- 아버님의 타계로 도자기 사업을 물려받다.
- 아버지의 이름이 결코 헛되게 하지 않을 거야!

2007년
- ◆ (사)식문화세계화 설립 추진 중.
- 이제는 세계화다! 식문화 100만 양병을 조직하라!

최고를 만들기 위해서는 최고를 체험해봐야 합니다. 우리 것을 세계화하고 최고로 만들기 위해서는 세계적으로 알려진 다른 문화를 체험해볼 필요가 있습니다. 그런 체험은 사치가 아니라 전 세계인을 사로잡기 위해 하는 투자라고 생각합니다. 한식의 고급화와 세계화를 위한 각계각층의 노력이 필요합니다.

술독에 빠진 사나이

"오늘 한번 코가 비뚤어지게 마셔보자고!"
"좋았어!"

한 무리의 젊은이들이 왁자지껄 떠들며 주점으로 들어선다. 앞장 선 사람은 희끗희끗한 은발의 노신사 조태권이다.

주점의 대표인 조태권은 직원들과 함께 회식을 하는 참이다. 하지만 근엄한 회장의 모습은 간 데 없이 대뜸 재킷을 벗고 소매까지 걷어붙인다. 그의 앞에는 얼음과 토닉워터, 과일 요구르트와 주스, 비타민 음료 등 각종 음료가 놓여 있다. 이제부터 회장님의 화려한 칵테일 쇼가 펼쳐질 참이다.

"이번엔 뭘 만들어볼까. 딸기 막걸리 맛 좀 볼래?"

그는 딸기맛 요구르트에 막걸리를 섞더니 사이다까지 넣어 흔들었다. 지켜보는 사람들의 표정이 미묘하다. 도대체 막걸리와 요구르트의 조합이 가당키나 할까 싶다. 하지만 딸기맛 막걸리는 의외로 반응이 좋았다. 술을 못 마신다던 여직원도 자꾸 들이키더니, 어느새 얼굴이 빨개졌다. 딸꾹질 하는 그녀 때문에 사람들이 한바탕 크게 웃음을 터트렸다.

조태권은 이번에는 투명한 증류 소주에 비타민 음료를 섞더니 남자 직원에게 건넨다.

"이 술의 이름은 오. 잘. 공이야. 쭉 들이켜 봐. 운수대통할 거야."

"이름이 특이하네요. 무슨 뜻입니까?"

"골프할 때 '오늘 최고로 잘 맞은 공'을 줄여서 오잘공이라고 하거든."

그의 기발한 작명에 껄껄 웃던 남자는 맛을 보더니, 운동하고 나서 마시면 갈증해소에 그만이겠다며 박수를 쳤다.

그의 기발한 아이디어는 멈추지 않고 샘솟았다. 듣도 보도 못한 별난 칵테일을 뚝딱뚝딱 만들어냈다. 자몽소주, 화요 샤워 등 별난 칵테일들이 즉석에서 만들어졌다. 아무렇게나 섞는 것 같지만 그의 칵테일 솜씨는 직원들 사이에 정평이 나 있다.

"세계에서 제일 많이 팔리는 술이 칵테일이야. 우리 술이 칵테일을 만들 수 있는 술이 되어야 해. 그 가능성을 만들어가는 거야."

우리가 빚어낸 도자기에 우리 술과 음식을 즐기는 회식 자리는 흥겨움이 가득하다.

특별한 칵테일 외에도 주점에는 술과 관련된 재미있는 물건들이 많다. 드라마 〈상도〉에 등장해서 유명해진 계영배는 술을 칠 할에서 팔 할 이상 따르면 나머지는 밑으로 샌다. 과욕을 경계했던 우리 선조들의 지혜를 그대로 보여주는 도자기다. 또 잔속에 작은 방울을 넣은 방울잔은 술을 마신 뒤 흔들면 '딸랑딸랑' 소리가 난다. 가야시대의 디자인을 살린 술잔이다.

"몸에 좋지 않은 폭탄주 대신 방울잔을 이용해 가볍게 한잔 하면 좋을거야. 그런데 사실 이 방울잔 아이디어는 폭탄주에서 얻었지."

술이 샘솟는 화수분처럼 그는 끊임없이 새로운 아이디어가 튀어나온다고 한다. 이곳에 있는 칵테일과 소품 등은 대부분 조태권의 아이디어에서 탄생했다. 그리고 지금 이 순간에도 그는 또다시 새롭고 놀라운 것을 찾아 골몰한다.

버스보이 조

1971년 미시건 호숫가의 유명한 프렌치 레스토랑 피너클에는 수많은 사람들이 버스보이 모집 광고를 보고 몰려들었다. 버스보이는 다 먹은 그릇을 치우는 종업원에 불과하지만, 웨이터가 되기 위해서는 반드시 거쳐야 하는 관문이었기에 경쟁이 치열했다.

유학생인 조태권도 수많은 지망자들 틈에 서서 순서를 기다리고 있었다. 그는 훌륭한 웨이터가 되기 위해서가 아니라, 생계를 위해 그 자리가 필요했다. 학업을 계속하기 위해서 어떻게든 장학금을 받아야 했고, 생활고를 해결하기 위해서 돈을 벌어야 했기 때문이다. 학생은 고용하지 않는 터라 학생이 아니라고 거짓말까지 했다.

"꼭 하고 싶습니다. 잘할 수 있으니 시켜만 주십시오!"

젊은 패기가 호감을 주었는지 그는 그 일자리를 얻을 수 있었다. 그날부터 조태권은 창문도 없는 2달러짜리 방을 얻어 버스보이 생활을 시작했다. 싹싹하고 부지런한 그는 손님들에게 많은 사랑을 받았다. 힘겹고 고된 일이었지만 감사할 따름이었다. 단지 괴로운 건 허기를 자극하는 음식 냄새였다. 1달러만 내면 주방장이 스테이크를 구워줬지만, 단돈 1달러가 아쉽던 그는 꾹 참고 견뎠다.

맛있는 음식 냄새에도 무감각해질 무렵이었다. 어느 날 한 손님이 스테이크와 샴페인을 거의 다 남기고 가버렸다. 테이블을 치우던 조태권은 입 안 가득 고인 군침을 꿀꺽 삼켰다. 누군가에게는 먹다 버려도 상관없는 음식이지만, 그에게는 없어서 못 먹는 귀한 음식이었다. 주위의 눈치를 살피던 그는 남은 음식을 슬쩍 찬장 위에 숨겼다. 그러고는 사람들이 퇴근하기를 기다려 차갑게 식은 스테이크와 김빠진 샴페인를 입에 넣었다. 어찌나 맛있던지 숨도 쉬지 않고 허겁지겁 먹어치웠다. 오랜만에 배가 든든하니 절로 힘이 났다. 미시간 호숫가에 슬리핑백을 펴고 누웠다. 하늘에는 보름달이 떠 있었다. 모든 것이 만족스러운 밤이었지만, 어쩐지 서글픔이 몰려왔다. 그는 자신이 울고 있다는 걸 알았다. 차가운 슬리핑백 바닥으로 굵은 눈물이 쉴 새 없이 떨어졌다.

'스테이크 한 조각에 이렇게 약해지다니……. 내가 거지야? 이제 다시는 남은 음식에 손대지 않겠다! 반드시 성공을 해서 제대로 된 음식만 사먹으면서 살 거야!'

기회는 생각보다 빨리 찾아왔다. 어느 날 조태권은 접시를 잔뜩 들고 세척기 쪽으로 가다가 물이 괸 바닥에 넘어지면서 의식을 잃고 말았다. 그는 앰뷸런스에 실려 병원에 옮겨진 후에야 정신을 차렸다. 같은 식당에 근무하는 한 노조원이 그에게 다가와 귓속말을 건넸다.

"이봐, 5만 달러를 벌 수 있는 기회야. 최대한 많이 아프다고 해. 계속 아픈 척을 하라고!"

잠시 기절을 했을 뿐, 몸에는 아무 이상이 없었다. 무엇보다도 그런 방법으로 돈을 버느니, 하루라도 더 일하고 돈을 버는 것이 마음 편할 것 같았다. 조태권은 다음날 멀쩡하게 출근을 하고 평소와 다름없이 일했다.

다음 학기가 되어 그가 레스토랑으로 돌아갔을 때, 그의 신분은 달라져 있었다. 짧게는 2~3년, 보통은 10년 동안 버스보이 생활을 거쳐 정식 웨이터가 되지만, 그는 웨이터로 고속승진을 하게 되었다. 아무 말썽 없이 사고를 넘기게 해준 그를 지배인이 좋게 본 것이다.

그날부터 '벼락출세'를 한 웨이터 조태권에게는 또 다른 모험의 나날들이 시작됐다. 손님의 까다로운 질문과 요구에 대처하려면 완벽한 영어는 물론이고, 요리의 특징과 조리법도 잘 알아야 했다. 더구나 수백 가지 칵테일을 완벽히 꿰뚫고 있어야 했다.

한번은 손님이 '마이타이'를 달라는데 무슨 뜻인지 몰라 넥타이만 만지작거린 적도 있었다. 마이타이가 칵테일의 일종이라는 사실을 몰라 생긴 일이었다. 다른 버스보이들의 시기와 질투의 시선도 견디기 힘들었다.

하지만 어떻게 온 기회던가. 다행히 나이든 웨이터가 밤마다 그를 도와주었고, 그야말로 '죽도록' 연습을 하기 시작했다.

재료를 고르는 법에서부터 수십 가지 소스와 칵테일을 만드는 일에 이르기까지 모든 것이 생소했지만, 음식 만드는 일은 조금도 싫지 않았다. 그는 곧 한 사람의 웨이터 몫을 훌륭히 해냈다. 그때부터는 어떤 어려움도 겁나지 않았고, 어떤 일에도 자신이 있었다.

그 시절은 조태권에게 무척 중요했다. 음식과 맛의 세계를 체감하고 서비스의 의미와 중요성을 터득하기도 했지만, 뭐든지 시작하면 거칠 것 없이 밀어붙이는 조태권의 강한 추진력이 싹텄던 시절이었기 때문이다.

아버지의 이름으로

미국 유학생활을 마친 조태권은 곧바로 대우그룹을 찾아갔다. 사원 채용계획이 전혀 없었지만, 그는 웨이터 시절 쌓아온 특유의 자신감으로 김우중 회장과 직접 만나 대우맨이 되었다. 그는 전 세계를 누비며 열정적으로 일했고, 그 후 조태권은 김우중 회장에게 대우 삼인방이라고 불릴 정도의 신임을 얻었다. 그러나 10년을 채우지 못하고 회사를 그만두는 계기가 찾아온다. 초대 그리스 지사장을 지낸 직후, 자신과 아내를 만나러 온 처제가 그만 심장마비로 사망하는 사고가 생긴 것이다.

'누구를 위해 무엇을 위해 이렇게 열심히 일하고 있는 거지? 모든 것을 회사에 의존해야 하고, 결정을 기다리며 움직이는 내 자신이 너무 싫다!'

조태권은 이전부터 신뢰관계를 맺고 있던 이라크의 사업파트너에게 50만 달러를 빌려 개인사업을 시작했다. 군수품 장비와 의류 등을 주로 거래하는 무역회사였는데, 당시 이라크 수출 1위를 기록할 정도로 사세가 커갔다.

하지만 사업가로 승승장구하던 1988년, 난데없이 부친의 부음이

날아들었다. 조태권의 부친인 조소수 옹은 우리 도자기의 희망을 발견하고 싶다는 생각으로 일본에서 하던 사업을 접고 우리나라에 들어와 1963년 광주요를 열었다. 명맥을 잇고 있던 '독 짓는 늙은이'를 찾아내 도공으로 모시고, 관요 폐쇄로 절멸된 청화백자 제작술을 찾아내 우리 도자기의 부흥을 모색하고 있었다. 그러던 아버지가 타계한 것이다.

"여러 형제 중에서 네가 형편이 좋으니 가업을 이어라."

어머니의 명을 거역할 수 없었다. 어머니는 조태권에게 평생의 종교 같은 존재였다. 그가 어린 시절 난관에 부딪힐 때마다 그를 잡아주신 분이었기 때문이다.

어머니의 당부로 맡은 광주요였지만, 시늉만 내는 것은 그에게 맞지 않았다. 조태권은 무슨 일이든 하기로 결정하면 불도저 같은 저력으로 밀어붙이는 성격이었다. 그는 부친에게서 듣고 배운 도자기 이야기에, 해외 체류 경험으로 체득한 타국 문화를 접목시키며 자기만의 문화사업을 펼쳐나갔다. 일단 일본식이 아닌 진짜 한국식 도자기를 만들어야 한다는 생각에 도공들을 이끌고 박물관 순례에 들어갔다. 그때 그의 발걸음을 멈춰 세운 것은 상감기법의 도자기였다.

'금속을 발라낸 상감 도자기를 가마에 구우면 정말 멋진 색채가 되는군! 일본과 중국에서 만들어내지 못하는 상감기법의 도자기야말로 최고의 명품이다. 이걸 이용해서 좀 더 대중화된 우리 도자기를 만들어내자!'

조상들이 사용했던 청자와 백자, 분청사기를 실생활에 적용해보자는 생각으로, 그는 생활식기용 고급 수제 도자기를 만들었다. 당장 샘플만 1만 가지를 만들어 세상에 선보였다. 그러나 그에게 돌아온 것은 세상의 냉대였다.

"똑같은 것으로 주세요! 세트인데 왜 이렇게 달라요?"

"우리나라 제품이 왜 이렇게 비싸요? 국산은 싼맛에 쓰는 것 아닌가요?"

소비자들은 모두가 똑같이 생긴 '세트 그릇'에 길들여져 있었다. 하지만 유약을 발라 굽는 도자기에는 같은 색감, 같은 문양이 나올 리 만무하다. 가마에 구워 만드는 우리 도자기의 가치를 어쩜 이리도 몰라주는지 야속하기만 했다. 어머니 역시 그를 만류하고 나섰다.

"아직 우리 경제수준으로는 수작업으로 만든 도자기를 부엌에서 쓰기 어렵지 않겠느냐? 우리나라에서 도자기는 감상용일 뿐이야."

"아닙니다, 어머니. 그릇으로 태어난 이상 그릇 본래의 노릇을 해야 합니다. 예술작품으로 모셔놓고 구경만 할 것이 아니라, 실제 생활에서 밥과 국을 담아내는 생활자기로서의 기능을 회복해야 앞으로도 승산이 있습니다."

조태권은 잃어버린 우리의 도자기법과 종류를 계속 복원하여 시장에 내놓았다. 다른 도자기 회사에서는 서양식기인 '본차이나'에 가까운 날렵한 형태의 자기를 내놓으면서 식기 시장을 장악해 나갔지만, 그는 끝까지 투박한 그릇만을 고집했다.

'한국식 그릇은 사발이다. 사발은 서민 그릇이던 옹기와도 일맥상통하고 고대로 올라가면 빗살무늬 토기와도 연결된다. 사발을 오므리면 밥그릇이 되고 넓히면 국그릇이 된다. 사발식 식기만이 세계에서도 통할 수 있는 한국식 식기가 될 수 있을 거야!'

그렇게 5년이 지났을까? 언젠가는 우리 도자기의 가치와 역사를 알아볼 것이라는 그의 믿음이 드디어 탄력을 받았다. 우리 그릇과 음식의 아름다움을 알리는 계기가 된 '아름다운 우리 식탁전'을 통해 내로라하는 명문가에서 그의 그릇을 사용하기 시작했던 것이다.

서양에서 들어온 화려한 색감과 문양의 세트 그릇만 찾던 사람들이 우리 도자기의 담백함과 정갈함에 매료되었고, 그에 힘입어 조태권은 대중화된 브랜드를 세상에 내놓기 시작했다.

하지만 그릇이 빛을 보게 되자, 그에겐 또 다른 고민이 생겼다.

'도대체 이 그릇에 무엇을 담아낼 것인가? 도자기에 담아 세계에 내놓을 우리의 문화란 과연 무엇일까?'

그 당시 한국의 김치와 불고기가 전 세계에 수출되고 있었고, 대체로 만족하는 분위기였다. 그러나 그의 생각은 달랐다. 김치와 불고기뿐 아니라, 밥과 국, 찌개 등 모든 것이 함께 세계로 나가야 한다는 생각이었다. 조태권은 일본의 스시집에서 그 힌트를 얻었다.

"세계 어디를 가도 쉽게 먹을 수 있는 것이 스시(초밥)입니다. 일본인들은 스시집을 통해 스시만 수출한 것이 아니라, '노렝'이라고 하는 일식집 특유의 치장과 고유의 그릇, 회칼을 비롯한 주방용품, 종업원 복장과 일본식 예절, 그리고 다다미방까지 다양한 그들의 문화를 수출한 것입니다. 김치와 비빔밥을 따로따로 세계에 진출시켜봤자 의미가 없습니다. 음식과 함께 그것을 담을 수 있는 그릇, 공간, 문화가 전체적으로 조화를 이루며 세계로 나아가야 하는 것이죠."

그릇에 담긴 문화까지 수출하라

부인 성복화 씨는 오늘도 손님 맞을 준비로 분주하다. 도자기의 아름다움은 음식을 담았을 때 진정한 아름다움을 발한다는 남편의 신념 때문에, 지난 7년 동안 집에는 하루도 손님이 끊이지 않았다. 그 많은 손님들의 수발을 들고, 그릇의 품격에 맞는 음식을 만들어 내는 것은 고스란히 안주인인 그녀의 몫이었다.

먼저 집 구석구석을 쓸고 닦는다. 주로 손님을 접대하는 1층에는 선친인 고 조소수 선생의 개인 소장품과 조태권 회장의 소장품들이 세대별로 박물관처럼 전시되어 있다. 환한 햇살이 들어와 밝은 분위기가 나는 2층은 그녀의 감각으로 꾸몄다. 지금은 구하기조차 힘든 우리 고가구와 영국, 중국의 가구들이 자연스럽게 어우러져 있고, 다이닝 테이블은 영국 가구이지만 그 위에 합과 사발, 그릇들을 장식해 재미를 더했다.

세월의 흔적이 느껴질 만큼 오래된 자기들이 박힌 담벼락이며, 자기로 장식한 신발장 바닥, 화장실의 자기 세면대까지 어느 하나 우리나라 도자기 문화를 담지 않은 곳이 없다. 모두 전통문화를 생활화해야 한다는 남편의 생각이 그대로 배어 있는 소품들이다.

남편은 같은 사물을 보고도, 그냥 지나치는 법이 없다. 다른 나라의 훌륭한 예술작품이나 문화를 보면 항상 '우리 것을 저렇게 만들 방법이 없을까?' 하고 되묻는다. 그 대표적인 예로 그녀는 3층을 장식하고 있는 프랑스 벽지를 들었다.

"식구들이 주로 생활하는 3층의 한쪽 벽면을 중국민화가 그려진 프랑스의 벽지로 꾸몄거든요. 그런데 남편이 그걸 뚫어져라 보더니, 우리 전통 민화를 넣은 벽지를 생각해내는 거예요. 현대 인테리어에 민화를 접목시켜 우리 공간에 어울릴 수 있는 생활 소품을 만드는 '자비화' 브랜드가 그렇게 해서 탄생했죠."

그녀가 집안을 정리하는 사이, 남편은 부엌에 있다.

"오늘 메뉴는 뭐예요?"

"우리 음식인 김치찌개와 서양의 치즈를 결합한 김치찌개 그라탱은 어떨까?"

냄새가 제법 그럴 듯하다. 미국 유학시절 웨이터를 하기도 했지만, 남편은 일류요리사 못지않은 요리솜씨를 자랑한다. 그릇에 담을 음식 메뉴를 하나 둘 개발하다 보니, 저절로 익혀진 감각이다.

조태권은 도자기 회사를 시작으로, 그 도자기에 담을 음식 메뉴를 개발해 음식점을 열었다. 도자기에 담을 술을 빚어냈고, 음식점을 장식할 벽지를 만들어냈다. 그렇게 남편은 꼬리에 꼬리를 물듯이 새로운 일을 벌였다. 사람들은 큰돈을 바라고 사업을 늘려간다며 남편을 매도하기도 했지만, 그때마다 그녀는 그의 유일한 추종자요, 말 없는 지지자가 되어주었다.

"이제 나이도 있는데 좀 쉬엄쉬엄하세요. 당신이 모든 걸 다 할 수는 없잖아요."

"그래, 내가 시작을 했고 틀을 만들었으니 이제는 다른 기업들이 나서겠지. 하지만 아직은 내가 해야 할 일이 많아."

작은 목소리로 차분하고 잔잔하게 말을 건네는 부인과 큰소리를 묵직하게 턱턱 내놓는 남편. 스타일은 다르지만 소리 없이 서로 챙기는 마음, 우리 문화를 생각하는 마음은 부창부수가 따로 없다.

요즘 조태권은 우리 식문화의 세계화를 개인적인 사업이 아니라, 사회적인 문화로 전파하는 데 앞장서고 있다. 학계와 정치계, 외식계 등 우리 식문화와 관련된 다양한 전문가들이 참여할 수 있도록 식문화 세계화를 위한 사단법인을 만드는 것이다.

"우리 식문화가 세계화되기 위해서는 대기업이 식문화 인력 100만을 양병해야 합니다. 직원 1만 명인 대기업에서 접대, 회식, 선물로 연간 천억을 쓴다면 이걸 모두 우리 문화와 관련된 것으로 돌리는 거죠. 외국 바이어 접대나 직원 회식을 한식당에서 하고 전통주를 마시고 외국인들에게도 선물하고, 그러고 나면 이젠 세계로 당당하게 나갈 수 있는 겁니다. 우선 문화를 즐기려면 훈련이 필요합니다. 익숙하지 않던 것을 소비하는 데는 많이 생소하죠. 그걸 극복하는 훈련이 필요한 겁니다. 그것이 바로 제가 말하는 양병이고, 그 역할을 대기업이 해줘야 한다는 겁니다."

세계인과 함께 즐기고 나눌 수 있는 삶의 무대를 만들고 싶다는 조태권. 그가 만들어내는 우리의 문화들이 백 년, 오백 년, 천 년 후 우리의 후손들에게 고스란히 이어져 내려가기를 기대해본다.

◆ 음식과 그릇의 조화

나는 음식도 옷을 갈아입는다는 표현을 쓰는데, 여기서 옷은 물론 그릇을 뜻합니다. 어떤 옷을 입느냐에 따라 사람이 달라 보이듯, 음식도 마찬가지예요. 기능적인 측면에서도 음식의 종류에 따라 그릇의 모양과 색깔을 달리할 필요가 있거든요. 음식과 그릇이 빚어내는 시각적 효과, 나아가 심리적 미적 효과까지 생각할 수 있다면 우리 음식문화는 훨씬 풍요롭게 될 겁니다.

◆ 우리 음식이 세계화로 가는 길

개인적인 체험에서 비롯된 나름의 전략은, 한식을 단순히 요리가 아니라 '종합문화상품'으로 개발하자는 것입니다. 한식을 중심 또는 매개로 술, 도자기, 그림, 음악 등 한국문화의 다양한 장르를 한곳에서 즐길 수 있도록 하는 것이죠. 그 무대는 바로 고급스런 분위기를 연출하는 식당이 됩니다. 해외 특수층과 미식가들을 1차적 타켓으로 삼는 것이 효과적이겠죠. 중장기적으로는 세컨드 브랜드로서 대중적인 메뉴와 식문화가 별도로 개발돼야 할 테고요.

부자가 된 괴짜들

기획 | 비즈니스앤TV 부장 정상혁, 팀장 김형률, PD 최금란
제작PD | 최동근, 김윤현, 이승진, 임건영, 금종화, 이상하, 김세진, 김희득, 류국무, 김동정(디오프로덕션)
글 | 김유미

1판 1쇄 인쇄 | 2007. 9. 21
1판 1쇄 발행 | 2007. 9. 27

펴낸곳 | (주)북이십일_21세기북스
펴낸이 | 김영곤
Unit장 | 정성진
책임편집 | 심지혜
기획편집 | 나은경 · 서지연 · 윤영림
영업마케팅 | 윤지환 · 최창규 · 서재필 · 정민영 · 도건홍

등록번호 | 제10-1965호
등록일자 | 2000. 5. 6

주소 | 경기도 파주시 교하읍 문발리 파주출판문화정보산업단지 518-3(413-756)
전화 | 031-955-2100(대표) 031-955-2147(기획 · 편집)
팩스 | 031-955-2151(대표)
이메일 | book21@book21.co.kr
홈페이지 | http://www.book21.co.kr
커뮤니티 | http://cafe.naver.com/21cbook

값 10,000원
ISBN 978-89-509-1203-1 03320

Copyright ⓒ 2007 by 디지틀조선일보. All right reserved.
이 책 내용의 일부 또는 전부를 재사용하려면 반드시 (주)북이십일의 동의를 얻어야 합니다.
잘못 만들어진 책은 구입하신 서점에서 교환해드립니다.